Das freundliche Lächeln und das Gebet,
das ist es, was uns von der Sprache
des Paradieses übriggeblieben ist.

Herbert Müller

Bitte recht freundlich!

Wie man trotzdem freundlich sein kann

Brendow
Buch
Kunst
Verlag

Für Hedi,
Christoph, Bernd-Martin und Sabine,
die mir geholfen haben,
auch in der Familie
freundlich zu bleiben.

Die Deutsche Bibliothek – CIP-Einheitsaufnahme

Müller, Herbert:
Bitte recht freundlich! : Wie man trotzdem freundlich sein
kann / Herbert Müller. – 2. Aufl. – Moers : Brendow, 1993
(Edition C : M ; 94)
ISBN 3-87067-291-9
NE: Edition C / M

2. erweiterte Auflage 1993
ISBN 3-87067-291-9
Edition C – M 94

Einbandgestaltung: Kommunikationsdesign Buttgereit, Haltern am See
Printed in Germany

Inhalt

Geleitwort

Am Rand einer südamerikanischen Großstadt erzählte ein Missionar einer Schar Kinder die Geschichte von Jesus Christus. Seine Schilderung war so lebens- und zeitnah, daß die Kleinen ihm gespannt zuhörten. In ihrer Vorstellung entstand das Bild des freundlichen, guten Hirten, der ein Vater aller Menschen ist. Die Jungen und Mädchen hörten, daß auch Jesus die Menschen lieb hat. Er redet freundlich zu ihnen und hilft ihnen in seiner Güte.

Da unterbrach ein Junge die Erzählung des Missionars und rief: „Den kenn' ich, der wohnt in unserer Straße!" – Es stellte sich heraus, daß der Junge einen Christen meinte, dessen Verhalten so mit der Schilderung des Missionars übereinstimmte, daß er zu dem Schluß kam, der müsse diesen Mann meinen.

Möchten wir nicht im Grunde alle solche Christen sein? Ausgezeichnet durch Freundlichkeit, Güte und Barmherzigkeit, so daß Kinder an uns erinnert werden, wenn ihnen erzählt wird, wie Jesus sich verhalten hat?

Herbert Müller schreibt in diesem Buch über Christen. Er sagt: „Freundlichkeit ist ein Teil des Wesens Gottes. Jesus ist die Freundlichkeit in Person." – Wir Christen sind leider oft das genaue Gegenteil von dem, was wir sein möchten und sein sollten. Doch wer sein Leben an Jesus orientiert, bei dem wird man Ansätze der gleichen Freundlichkeit feststellen.

In Jesus Christus ist die Freundlichkeit und Menschenliebe Gottes erschienen. Das Leben von Jesus wäre eine einzige Anklage gegen uns, wäre er nicht gekommen, um uns zu erretten und von unserem unfreundlichen Wesen und unserer boshaften Art zu erlösen. Er will an uns arbeiten, damit wir ihm ähnlicher werden. Dieses Buch ist ein hilfreicher Wegweiser auf dem Weg zu diesem Ziel.

Anton Schulte

Einführung

25 Jahre bin ich nun Geschäftsführer im Missionswerk NEUES LEBEN und heute verantwortlich für etwa 100 Mitarbeiter. Daher kenne ich die vielen zwischenmenschlichen Probleme, die sich auch unter Christen ergeben.

Als größte Schwierigkeit erwies sich dabei, daß einige Mitarbeiter meinten, sie dürften nach außen hin nicht freundlich sein, wenn dies ihrer inneren Einstellung nicht entsprach. Wenn man so richtig beleidigt wurde oder vermeintliches Unrecht erleiden mußte, fällt es auch einem Christen nicht leicht, meinen Rat anzunehmen: „Bleib trotzdem freundlich!"

Meine Arbeit bringt es mit sich, daß ich vielen Komitees und Ausschüssen angehöre. Dabei erschrecke ich immer wieder darüber, wie unfreundlich auch Christen miteinander umgehen können. Es fällt ihnen schwer auseinanderzuhalten, daß sie zwar die Sünde „hassen", den Sünder jedoch lieben sollen. Mir kommt bei solchen Gelegenheiten immer die Händel-Arie in den Sinn, der der Text aus Jesaja 40, Vers 2 zugrunde liegt: „Redet freundlich mit Jerusalem!"

Nach einer Rundfunksendung über das Thema „Freundlichkeit" erhielt ich über 850 Manuskriptanforderungen. Eine Witwe aus Rom schrieb mir: „Schade, daß ich Ihren Vortrag erst jetzt, mit 80 Jahren, gehört habe. Meinen Mann habe ich so geärgert, nun kann ich es nicht mehr gutmachen."

Dieses Buch ist aus Vorträgen entstanden. Es trägt daher die Charakterzüge eines Seminars. Es würde mich freuen, wenn ich damit etwas gutmachen könnte, auch bei meinen Mitarbeitern, denen ich für ihre Freundlichkeit mir gegenüber danken möchte. Schließlich gilt mein Dank Gerd Rumler, der durch seine freundschaftlich-fachliche Mitarbeit dazu beigetragen hat, aus den Seminar-Manuskripten ein Buch zu machen.

Herbert Müller

Vorwort zur zweiten Auflage

Fast 6000 Gäste besuchen jährlich unser Missions- und Freizeitzentrum „Les Residences Pinea“ auf Korsika. In Absprache mit dem Verleger hat das zu dem Entschluß geführt, das Buch „Bitte recht freundlich“ noch einmal aufzulegen, erweitert um das Thema „Gastfreundschaft“. Während der Bauzeit des Zentrums Pinea ergaben sich für mich viele Gelegenheiten, diese Freundlichkeit zu praktizieren.

In der christlichen Literatur fand ich dieses Thema erstaunlicherweise vernachlässigt. Deshalb bin ich Jürgen Bonßdorf, Lehrer am Neues Leben-Seminar in Wölmersen, besonders dankbar, daß er mir einige theologische Studien darüber zur Verfügung gestellt hat. Ferner danke ich Fritz Schroth, dem Leiter der Christlichen Gästehäuser in der Rhön, der dieses Thema nicht nur selbst praktiziert, sondern auf seinen Tagungen immer wieder behandelt. Brauchen wir gerade heute eine „Theologie der Gastfreundschaft“? Ich hoffe, daß meine bescheidenen Anregungen dazu einen Anstoß bieten können.

Das Problem des Asylrechts, das Schicksal von Menschen anderer Nationalitäten in unserem Land machen offenbar, daß das Thema „Gastfreundschaft“ nicht nur im christlichen Bereich, sondern auch im politischen und gesellschaftlichen Leben vernachlässigt wurde und dringend einer Neubesinnung bedarf.

Wenn Christus nach seiner Himmelfahrt darum besorgt ist, uns die Wohnungen vorzubereiten, in denen wir einmal als höchste Vollendung mit ihm das Abendmahl halten und für immer bei ihm zu Gast sein werden, dann sollte das eine Herausforderung für uns sein, etwas davon schon in unseren Tagen unter unseren Zeitgenossen zu verwirklichen.

H. M.

I. Bitte recht freundlich

Wie kann man trotzdem freundlich sein?

Darauf läßt sich relativ einfach antworten: indem man sich nicht mehr ärgert. Doch dieser Rat ist nicht so einfach zu befolgen.

Das Wort für „Ärger“ lautet im Althochdeutschen „argiron“. Es bedeutet: einen anderen schlecht – heruntermachen.

Vom gleichen Wortstamm ist das Wort „arg“ abgeleitet. Und als der „Arge“, der Böse von Anfang an, wird in der Bibel der Widersacher Gottes, der Teufel bezeichnet. Damit ist bereits angedeutet, wo unser Ärger letztlich seinen Ursprung hat.

Die Geschichte vom besonnenen Leutnant

Gerd Schimansky erzählt in seinem Buch „Abschied vom Ärger“ die Geschichte von einem jungen Leutnant, der während eines Manövers schwer gedemütigt wurde. Der General hatte von weitem beobachtet, wie eine Gruppe von Soldaten völlig falsch geführt wurde. Er raste mit seinem Wagen heran und machte den Leutnant, den er dafür für zuständig hielt, fertig. Der stand da, die Hand an der Mütze, und ließ allen Unmut schweigend über sich ergehen.

Als der General wieder abgerauscht war, erschien der Kommandeur. „Menschenskind“, rief er, „warum haben Sie denn den Mund nicht aufgemacht!? Der Alte hat Sie doch mit dem Nachbarhaufen verwechselt. Die haben den Mist gebaut!“

Darauf entgegnete der Leutnant: „Das hält nur auf, Herr Major!“

Das war Gelassenheit. Der Leutnant stand wie ein Verlierer da und war doch der heimliche Sieger. Er ließ sich von einem verärgerten General herunterputzen und ersparte damit einem Kameraden das gleiche Schicksal.

Aber müßte man denn den empörten Vorgesetzten nicht auf seinen Irrtum aufmerksam machen? Sicher wird der Major das zu einem späteren Zeitpunkt getan haben. Aber auch in vielen unserer alltäglichen Situationen wäre schon manches gewonnen, wenn wir dem Ärger des anderen nicht sofort den eigenen entgegensetzten.

Der junge Leutnant war Christ. Um so zu reagieren, wie er es tat, benötigte er ein hohes Maß an Selbstverleugnung. Wenn wir als Christen das Evangelium ernstnehmen, müßte es uns eigentlich leichter fallen, Unrecht hinzunehmen, und sei es, um es von anderen abzuwenden.

Denn ärgern bedeutet: schlechtmachen. Glaube aber wird daran erkennbar, daß er zum Guten veranlaßt. Sich ärgern (lassen) heißt demnach, für die Fehler anderer büßen. Jener Leutnant ertrug das Donnerwetter des Generals für einen anderen. Das war eine gute Haltung.

Büßen für die Fehler von anderen?

Wo wir uns über das, was uns zugefügt wird, ärgern – büßen wir gewissermaßen für die Fehler anderer. Andere tun Unrecht, fügen uns Unrecht zu, machen irgend etwas falsch. Sobald wir uns darüber ärgern, sind wir es, die darunter leiden. Denn der Ärger frißt sich in uns hinein wie eine Zecke.

Zecken sind kleine Insekten, die man kaum sieht. Sie bohren ihren Kopf in unser Fleisch, und erst allmählich merkt man: da ist was! Wenn man eine Zecke mit Gewalt entfernen will, reißt man meist nur ihr Hinterteil ab. Der Kopf bleibt und frißt weiter. Mit dem Abschütteln ist es nichts. Oft hilft da nur eine Operation.

Genauso ergeht es uns nicht selten mit dem Ärger. Er frißt sich in einem fest. Die eigenen Gedanken konzentrieren sich nur noch auf das, was einem an Unrecht zugefügt wurde. Alles andere sieht man nicht mehr. Man möchte sich dagegen wehren, aber gute Vorsätze allein genügen nicht. Der Ärger nagt in uns weiter. Was können wir dagegen tun?

Was ärgert mich eigentlich?

Was ist der tatsächliche Anlaß für meinen Ärger? Fragen Sie sich doch einmal: Warum ärgere ich mich? Warum schimpfe ich auf dieses und jenes? Muß ich die Ursache vielleicht in mir selbst suchen? Liegt es daran, daß ich schlecht geschlafen oder irgend etwas falschgemacht habe und mich jetzt im Grunde über mich selbst ärgere? Gar nicht über das, was andere mir antun?

Ich weiß nicht, ob Sie ein Tagebuch führen. Unter dem Gesichtspunkt des Ärgerns wäre es nützlich. Denn wenn Sie nach zwei oder drei Jahren wieder einmal darin blättern, werden Sie eine überraschende Feststellung machen:

Eine Großmutter fand nach 20 Jahren ihr Tagebuch wieder. In ihrer Familie ging es früher rund. Da gab es viel Arbeit zu bewältigen, und damit war mancher Ärger verbunden. Doch als die Frau nach vielen Jahren in ihrem Tagebuch blätterte, lachte sie und dachte: Nichts von den Sorgen, die mich damals bedrückten, hatte sich als berechtigt herausgestellt. Alles war ganz anders gekommen, als sie befürchtet hatte. Im Abstand von 20 Jahren erwies sich aller Ärger als umsonst.

Ich habe keine Zeit mich zu ärgern

Berta Isselmann

Die Stunden des Tages reichen nicht aus, um alle guten Gedanken zu denken, allen schöpferischen Ideen nachzugehen. Aber wir verwenden immer wieder kostbare Zeit »zweckentfremdet«: indem wir uns an den Fehlern unserer Mitmenschen aufhalten, in Selbstgesprächen nutzlose Auseinandersetzungen mit ihnen führen, Worte und Verhaltensweisen, die uns verletzt haben, in immer neuen Varianten vor uns abrollen lassen.

Betrogen sind alle. Wir verlieren Zeit, und die anderen gehen leer aus. – Es sei denn, wir nehmen den Ärger als Anlaß zur Fürbitte.

Über sich selbst lachen können

Warum halten Sie es nicht wie jene alte Dame? Als sie bemerkte, daß man hinter ihrem Rücken über sie lachte, meinte sie nur: „Ach, die Menschen haben heute so wenig zu lachen – da sollen sie wenigstens über mich lachen können!"

Haben Sie schon einmal versucht, über sich selbst zu lachen? Ich rechne das zu den wesentlichen Künsten. Wer das geschafft hat, steht über den Dingen; er ist in vielen Bereichen nahezu unverletzlich.

Natürlich wissen Sie, daß der Begriff „heilig" soviel wie „abgesondert" oder „unverletzlich" bedeutet. Ist es nicht interessant, daß hier offensichtlich ein Zusammenhang besteht?

Wer über sich selbst lachen kann, braucht sich keine Sorgen darüber zu machen, ob auch alles, was er sagt und tut, von den anderen richtig verstanden wird. Daraus entsteht jene Demut, die zur Entfaltung unserer Persönlichkeit keineswegs im Gegensatz steht.

In Bibelarbeiten und Predigten geht es immer wieder darum, unser dickes Ich kleinzukriegen. Ich habe dann oft Angst, daß man statt unseres Ichs unsere Persönlichkeit trifft. Daß unser eigenes Ich kleingehalten werden muß, ist richtig; aber unsere Persönlichkeit soll gefördert werden.

Dabei darf man Persönlichkeit nicht mit Hochnäsigkeit oder äußerer Politur verwechseln. Persönlichkeit lebt von einer inneren Kraft. Diese erlaubt es uns auch, über uns selbst zu lachen. Nahezu alle großen Persönlichkeiten beweisen es; denn sie alle hatten irgendwie Humor.

Es gilt, uns von einem Zwang von außen zu befreien: von der Furcht, daß man über uns lachen könnte. Das bedeutet gewiß keinen Freibrief dafür, uns töricht zu benehmen oder im verkehrten Sinne lächerlich zu machen. Es geht lediglich darum, daß wir uns nicht darüber ärgern, wenn wir meinen, uns blamiert zu haben.

„Freundlichkeit“ in der Bibel

Paulus schreibt an seinen Freund Titus: „Auch wir waren früher unverständig, ungehorsam, gingen in die Irre, waren mancherlei Begierden und Gelüsten dienstbar und lebten in Bosheit und Neid, waren verhaßt und haßten uns untereinander. Als aber erschien die Freundlichkeit und Menschenliebe Gottes, unseres Heilandes, machte er uns selig – nicht um der Werke der Gerechtigkeit willen, die wir getan hatten, sondern nach seiner Barmherzigkeit“ (Titus 3,3–5).

Freundlichkeit ist ein Teil des Wesens Gottes. Jesus ist die Freundlichkeit in Person, und zwar nicht im Sinne humanistischer Mitmenschlichkeit. Es geht nicht nur um unsere Taten. Seine Barmherzigkeit hat uns zu neuen Menschen gemacht. Weil er für uns gestorben ist, haben wir alle die Möglichkeit, freundlich zu sein.

Daß wir freundlich sein sollen, wissen wir. Davon ist in der Bibel an vielen Stellen die Rede. Aber wer verfügt über die Kraft, es auch wirklich zu sein? Mitmenschlichkeit, das hat sich längst erwiesen, ist nicht die Lösung. Die Menschen schlagen sich noch immer gegenseitig die Köpfe ein. Und es läßt sich nicht leugnen, daß auch unter Christen noch immer Bosheit, Neid und Haß zu finden sind.

Freundlichkeit à la Lufthansa

Mit den Mitarbeitern unseres Missionswerkes haben wir einmal an einem Seminar teilgenommen, in dem die Lufthansa ihre Stewardessen in bezug auf Freundlichkeit ausbildet. Ei-

> ***»Freundliche Worte sind gesund für den ganzen Körper.«***
>
> Aus dem Buch der Sprüche Salomos

nige von uns meinten: „Haben wir es denn nötig, von der Lufthansa zu lernen? Müßten die nicht eigentlich bei uns in die Schule gehen?“

„Stimmt“, entgegnete ich, „aber wir wissen zu wenig von den Ursachen, warum die Menschen gereizt und verärgert sind.“

Und das haben wir in jenem Seminar dann auch prompt gelernt. Menschen sind gereizt, weil sie am Morgen zu spät aufgestanden sind, kalten Kaffee trinken mußten, ein zu hartes Ei vorgesetzt bekamen, die Straßenbahn nicht erreichten, weil das Auto nicht ansprang, jemand ihnen die Vorfahrt schnitt.

Die Stewardeß kann freundlich bleiben, wenn sie weiß: der meint ja gar nicht mich, sondern sein Ärger gilt dem kalten Kaffee, dem harten Ei, der Straßenbahn, die ihm vor der Nase weggefahren ist. Vielleicht sollten wir daran denken, wenn wir einmal „angefahren“ werden: „Der andere meint ja gar nicht mich!“

Das Wissen um die Art von Hintergründen war für uns wichtig. Aber das wirklich Freundlich-sein-können läßt sich auch durch ein Schulungsprogramm nicht erlernen, wenn Gott durch seine Barmherzigkeit in uns nicht die Voraussetzung dafür schafft.

Man weiß, daß alle Urlauber in den ersten drei Tagen gereizt sind. Den Anlaß bilden die völlig veränderten Lebensumstände, die neue Umgebung. Wenn man, wie wir, jährlich 14000 Gäste zu betreuen hat, so ist es schon wichtig, daß man das weiß. Denn wenn man sich darauf einstellt, kann man sich und anderen vielleicht 14000mal Ärger ersparen. Tut man es nicht und schreit gleich zurück, wenn man ungerecht angefahren wird, kann man 14000 Freunde verlieren.

Freundlichkeit – ein Teil des Wesens Gottes

Freundlichkeit ist ein Wesensmerkmal Gottes. Mit einem „keep smiling“ ist es da wirklich nicht getan. Das anerzogene Lächeln allein tut es nicht. An Christen ist Freundlichkeit letztlich immer nur als Auswirkung der Liebe Gottes glaubwürdig.

Nun kann man natürlich fragen, ob die Liebe nicht von sich aus Freundlichkeit einschließt. Ist die Liebe nicht alles? Ist es notwendig, auf die Freundlichkeit noch extra hinzuweisen?

Aber wenn Paulus in Galater 5, Vers 22, die Frucht des Heiligen Geistes beschreibt, so erwähnt er, neben der Liebe, ausdrücklich auch die Freundlichkeit. Warum verweist er so nachdrücklich auf die Freundlichkeit?

Es gibt Bibelausleger, die in diesem Vers nach dem Begriff „Liebe“ einen Doppelpunkt setzen wollen: dann sind alle anschließend genannten Charaktermerkmale lediglich Konsequenzen der Liebe und von dieser verursacht. Freundlichkeit hat dann, und wer wollte das bezweifeln, ihren tiefsten Ursprung in der Liebe.

Schon vorher hat Paulus alle Mißverständnisse ausgeschaltet: „Ihr aber, liebe Brüder, seid zur Freiheit berufen. Allein seht zu, daß ihr durch die Freiheit nicht dem Fleisch Raum gebt; sondern durch die Liebe diene einer dem anderen. Denn das ganze Gesetz ist mit einem Wort erfüllt, in dem (3. Mose

»Eine linde Antwort stillt den Zorn.«

Sprüche Salomos, Kapitel 15, Vers 12

19,18): Liebe deinen Nächsten wie dich selbst! Wenn ihr euch untereinander beißt und freßt, so seht zu, daß ihr nicht einer vom anderen aufgefressen werdet" (Galater 5,13–15).

Das ist drastische Sprache. Wir würden in unseren Vorträgen wohl nicht wagen, es so auszudrücken. Aber die Dramatik paulinistischer Rhetorik weist eindringlich darauf hin, daß Liebe sich in Verhaltensweisen ausdrücken muß. Und Freundlichkeit ist eine greifbare Form der Liebe.

Wer als Christ freundlich auftreten will, braucht dazu Liebe. Doch nun sagen viele: „Ich kann diesen oder jenen Menschen nicht ausstehen. Nicht nur, weil er mich beleidigt oder geärgert hat, sondern weil er mir völlig unsympathisch ist."

An diesem Punkt müssen wir uns klarmachen, daß Liebe und Sympathie nicht das gleiche sind. Wir alle waren Gott nicht sympathisch. Als er Christus an unserer Stelle sterben ließ, waren wir für ihn die hassenswertesten und elendsten Sünder.

Gott hat uns nicht sympathisch gefunden, sondern er hat uns geliebt. Auch wir sind nicht aufgefordert, andere sympathisch zu finden, sondern sie zu lieben; gerade auch die, die uns ärgern und unsympathisch sind.

Es wäre schließlich entsetzlich, wenn uns alle Menschen sympathisch wären. Dann wüßte man ja gar nicht, wen man heiraten sollte! Es muß da Unterschiede geben.

Liebe und Sympathie sind nicht dasselbe. Diese Erkenntnis kann wie eine Befreiung wirken. Ich muß den anderen, seine Art und sein Wesen nicht unbedingt sympathisch finden. Wir alle sind Originale, von Gott irgendwie anders gemacht. Und jeder hat auf seine Art seinen eigenen Wert.

Wir im Missionswerk „Neues Leben“ sagen oft: „Jeder ist auf seine Art komisch.“ Was ihn als komisch charakterisiert, muß mir nicht sympathisch sein. Ich soll ihn „nur“ lieben, mich darum bemühen, ihn so zu sehen, wie Gott ihn sieht. Dann äußert sich meine Liebe zu ihm nicht in Sympathie, sondern in der Freundlichkeit.

Nicht immer nur die Schwächen des anderen sehen

Dazu gehört, daß wir nicht immer nur die Schwächen, das Unsympathische am Verhalten des anderen sehen, sondern auch einmal auf seine Stärken achten. In der Ausrichtung unserer Predigten, in unserem Bemühen um Heiligung geht es fast immer um die Schwächen des anderen. Aber in 1. Korinther 12 heißt es: „Jeder hat seine besonderen Gaben.“ Jeder hat seine Gaben (besondere Stärken), und keiner kann alles.

Als Mitarbeiter des Missionswerkes haben wir einmal ein Management-Seminar mitgemacht, das diesen Gedanken verfolgte: Stärken des anderen sehen und sie richtig einsetzen.

Wenn einer nicht klavierspielen kann, darf ich ihn nicht ans Klavier setzen. Tue ich es dennoch, und er greift daneben, bin ich selbst schuld. Wir sind aufgefordert, die Stärken des anderen zu fördern und an der richtigen Stelle einzusetzen. Keiner von uns kann alles. Wir können auch nicht so sein, wie die anderen uns haben möchten, sondern jeder hat seine Stärken, und die sollte man fördern.

Diesen Gesichtspunkt, der durch viele biblische Aussagen belegt ist, beachten wir in der Regel zu wenig, weil wir uns immer mit den Schwächen, den negativen Eigenschaften an uns selbst und bei anderen beschäftigen. Aber Paulus sagt:

„Was wahrhaftig ist, was ehrbar, was gerecht, was rein, was liebenswert, was einen guten Ruf hat, sei es eine Tugend, sei es ein Lob – darauf seid bedacht" (Phil. 4,8).

Es ist also keineswegs die Aufgabe der Christen, immer auf den Schwächen der anderen herumzureiten. Die Autoren der Bibel sehen vielmehr die Stärken des anderen und vergessen darüber deren unsympathische Seiten. Um das zu verwirklichen, brauchen wir die Freundlichkeit als Äußerung der Liebe.

Wir alle kennen viele große Worte über die Liebe. Nicht wenige von ihnen gleichen Tausendmarkscheinen, für die man sich im Ernstfall oft nicht einmal ein Brot kaufen kann.

Haben Sie schon einmal versucht, sich mit einem Tausendmarkschein morgens in einer Bäckerei ein Brötchen zu kaufen? Meistens dürfte es daran scheitern, daß der Bäcker um diese Tageszeit noch nicht genügend Wechselgeld in der Kasse hat.

Einen Tausendmarkschein kann nicht jeder wechseln. So wenig wie die großen Worte über die Liebe. Dazu braucht er die kleine Münze der Freundlichkeit. Und hier können zehn Pfennig manchmal hilfreicher sein als große Scheine.

Die Geschichte der Tiere

Eines Tages entschlossen sich die Tiere in der neuen Welt, etwas Sinnvolles zu unternehmen, um den Problemen, mit denen sie zu tun hatten, abzuhelfen.

Sie organisierten eine Schule. Ihr Sport-Lehrplan umfaßte die Fächer: Laufen, Klettern, Schwimmen und Fliegen. Um die Durchführung zu vereinfachen, sollte jedes Tier an allen Fächern teilnehmen.

Nun erwies sich die Ente zwar als eine ausgezeichnete Schwimmerin; sie war sogar viel besser als ihre Lehrer. Aber im Fliegen brachte sie es nur auf »befriedigende« Leistungen, und im Laufen war sie ganz schlecht. Um ihre Laufleistungen zu verbessern, mußte sie in diesem Fach zusätzlichen Unterricht belegen und dafür das Schwimmtraining ausfallen lassen. Dadurch wurden ihre Schwimmhäute völlig abgenutzt. Die Folge war, daß sie es schließlich auch im Schwimmen nur noch zu durchschnittlichen Leistungen brachte. Aber ihr Durchschnitt war immerhin noch akzeptabel.

Der Hase stand in seiner Klasse an der Spitze im Laufen. Aber aufgrund seiner übergroßen Anstrengungen beim Schwimmen zog er sich Zerrungen in den Beinmuskeln zu.

Das Eichhörnchen war ein ausgezeichneter Kletterer. Der Flugunterricht brachte es jedoch zur Verzweiflung, weil der Lehrer immer von ihm verlangte, vom Boden anstatt von den Astspitzen zu starten. Es zog sich einen Muskelkater zu und erreichte lediglich eine »Drei« im Klettern und eine »Vier« im Fliegen.

Die Moral von der Geschichte?

Wenn Sie eine Ente wären, was sollten Sie tun? – Schwimmen natürlich!

Es gibt eine Menge Enten, die auf die »Rennstrecke« gehen. Sie sind von ihren Leistungen zutiefst enttäuscht; weder als Einzelkämpfer noch im Team bringen sie es zu respektablen Leistungen.

Es gibt auch viele Hasen, die zu schwimmen versuchen, als wären sie Enten. Auch sie sind frustriert; denn von Spitzenleistungen sind sie weit entfernt!

Die wichtigste Aufgabe, die sich einem Team stellt, besteht also darin, die Stärken des einzelnen Mitarbeiters zu erkennen und sie so einzusetzen, daß ihre Stärke voll zur Geltung kommt.

Damit stehen wir vor dem nächsten Problem. Kann eine solche Freundlichkeit nicht heuchlerisch sein? Jemand hat uns handfest beleidigt, Unrecht getan, ironisch und arrogant behandelt: vielleicht in der Familie, möglicherweise eine Kollegin, ein Mitschüler. Die Folge: in uns kocht alles. Muß man da nicht ehrlich zurückschlagen?

Darf man in dieser Situation freundlich sein (wohl verstanden: „ehrlich"), obwohl einem ganz anders zumute ist? Wäre Freundlichkeit da nicht pure Heuchelei?

Ich denke darüber anders. Ich meine, daß der Teufel uns hier gleich zweimal packt. Zum erstenmal erwischt er uns dabei, daß wir überhaupt eingeschnappt sind. Denn wir wissen als Christen, daß wir Unrecht eigentlich erdulden sollen: „Die Liebe erträgt alles, sie glaubt alles, sie hofft alles, sie duldet alles" (1. Korinther 13,7).

Wir wissen, daß wir unter diesem biblischen Gesichtspunkt kein Recht haben, eingeschnappt zu sein. Wir sollen uns nicht ärgern. Das gelingt uns zwar leider nicht immer, aber dadurch wird unser Versagen ja nicht rechtens. Denn wenn Gott sagt, daß die Liebe alles erträgt, dann wagt wohl keiner von uns, das in Frage zu stellen.

Doch gerade jetzt kommt, nach meiner Meinung, der Teufel und erwischt uns zum zweitenmal. Wir meinen, in einer solchen Situation nicht freundlich sein, nicht verzeihen zu können. Wir wissen genau, daß wir mit Gott über diesen Menschen und unseren Ärger reden sollten. Es ist uns klar, daß wir dem anderen verzeihen, vergeben sollten. Aber nun schaffen wir das nicht. – Und das ist die Praxis. Wir sind vielmehr eingeschnappt, beleidigt und sauer. Daraufhin denken wir, daß wir nun auch nicht freundlich sein dürfen. Und das ist, nach meiner Auffassung, die zweite Sünde.

Freundlichkeit und Freundlichkeit ist nicht dasselbe

Vielleicht ist es hilfreich, hier auf einen Unterschied hinzuweisen, den wir oft verwischen. Der säkularisierte, von Gott losgelöste Mensch versteht unter Freundlichkeit nicht zuletzt die Wahrung bestimmter Umgangsformen; man könnte auch sagen, einer gewissen Höflichkeit. Diese Auffassung hat sich bis in den christlichen Raum hinein durchgesetzt. Die Engländer zum Beispiel sprechen ungeniert von der Christian Courtesy, der „christlichen Höflichkeit".

Im wesentlichen handelt es sich dabei um die Beachtung von Formen des miteinander Umgehens, wobei Höflichkeit und Freundlichkeit sich oft nur schwer voneinander unterscheiden lassen.

Wenn im Neuen Testament von Freundlichkeit die Rede ist, dann ist damit etwas Umfassenderes, Tiefergreifendes gemeint. Es setzt Höflichkeit nicht außer Kraft, beschränkt sich aber nicht darauf. Wenn Freundlichkeit im Neuen Testament als „Frucht des Geistes" (Galater 5,22) bezeichnet wird, dann ist ihr Ergebnis die Folge der Intensität unserer Verbindung mit Christus. Hier kann es nicht länger nur um formale Verhaltensweisen gehen – so wichtig diese sind! Hier werden sie ergänzt, erweitert, untermauert durch eine von Herzen kommende Zuneigung.

Dann ist nicht mehr möglich, was wir in der zwischenmenschlichen Beziehung des öfteren beobachten können: jene kalte Höflichkeit, die auf die strikte Einhaltung von Formen achtet, zugleich aber erkennen läßt, daß der, der sie ausübt, innerlich völlig unbeteiligt bleibt.

Freundlichkeit, wie sie das Neue Testament versteht, kann man also nicht machen. Frucht muß wachsen. Und Wachstum ist ein Prozeß, der mehr oder minder lange Zeiträume in Anspruch nimmt.

Nun gibt Jesus, wenn auch in einem völlig anderen Zusammenhang, den Pharisäern (und damit auch seinen Leuten) den Rat, sich bei der Darstellung von Frömmigkeit nach außen Zurückhaltung aufzuerlegen. Wer Almosen gibt, soll das nicht vor den Leuten tun, um der Gefahr zu entgehen, letzteren imponieren zu wollen und nicht Gott. Wer fastet, soll auch das nicht öffentlich zur Schau tragen. Denn Fasten besteht nicht darin, daß man seine Kleider zerreißt und sich mit Asche bestäubt. Fasten ist eine innere Haltung Gott gegenüber, die man vor Menschen nicht preisgeben muß. Wer sich daran orientiert, kann sicher sein, daß es ihm nicht um die Darstellung seiner Frömmigkeit vor den Menschen, sondern wirklich um seine Haltung vor Gott geht.

Freilich bleiben uns Karambolagen mit unseren Mitmenschen nicht erspart. Wir werden beleidigt, brüskiert, enttäuscht (zumindest meinen wir das oft). Und dann sind wir zunächst weit davon entfernt, diesen Menschen herzliche Zuneigung entgegenzubringen.

Aber das muß noch nicht bedeuten, daß wir sie nun mit Vorwürfen überschütten, die sich in uns gegen sie angestaut haben; daß wir als die Beschimpften und Verärgerten die Schimpfkanonade unsererseits fortsetzen.

Wir sind noch nicht so weit, daß wir dem anderen vergeben, ihm wieder herzlich begegnen können. Die „Frucht" Freundlichkeit ist noch ein kleiner grüner Knubbel, von Reife weit entfernt. Aber wir wollen doch, daß er wächst! Christus läßt uns auch keine andere Wahl. Ist es dann nicht unser Recht, den Wachstumsprozeß dieser Frucht mit einem Schutzwall zu umgeben, um seine Entwicklung nicht stören zu lassen?

Ein solcher Schutzwall kann zunächst darin bestehen, daß ich eine Begegnung mit diesem Menschen so lange meide, bis ich mich ihr gewachsen fühle. Auch hier gilt: Wer sich in Gefahr begibt, kommt darin um!

Ein weiterer Schutzzaun kann in einer stärker formell angelegten Freundlichkeit, also in einem höflichen Umgang mit dem anderen bestehen. Ich rede mit ihm höflich. Und vielleicht stelle ich dabei fest, daß er das, was mich so geärgert hat, gar nicht so böse gemeint hatte. Vielleicht war es überhaupt nur ein Mißverständnis. In jedem Fall wird mir die Begegnung mit ihm helfen, ihn besser zu verstehen und damit die Voraussetzung zu erleichtern, daß ich mich ihm wieder herzlich zuwenden kann.

In dieser Zeit aber schirme ich die noch zarte Frucht der Freundlichkeit ab. Ich bewahre sie vor kalten Winden stürmischer Auseinandersetzung, die ihr keineswegs förderlich wären. Und damit fördere ich ihren inneren Reifungsprozeß ebenso wie das Verhältnis zu dem Menschen, mit dem ich mich zur Zeit in einer kritischen Phase befinde.

Die Spannung zwischen Wollen und Vollbringen

Die Spannung zwischen formaler Höflichkeit und herzlicher Zuneigung (Freundlichkeit) könnte so der Spannung zwischen Wollen und Vollbringen entsprechen. Keiner von uns hat die Freundlichkeit Gottes (und die ist hier ja letztlich gemeint) griffbereit zur Verfügung. Sie gehört zum Wachstum, zur Entfaltung einer christlichen Persönlichkeit und wird durch immer neue kritische Situationen herausgefordert.

Keiner von uns kann immer in diesem Sinne freundlich sein. Das entspricht durchaus dem realistischen Verständnis der neutestamentlichen Autoren von der Christlichkeit des Christen. Kein Geringerer als Paulus sagt: „Das Wollen habe ich wohl, aber das Vollbringen fehlt mir." Ich kann Freundlichkeit nicht machen. Aber ich will mich ihr öffnen. Ich muß freundlich sein *wollen.* Das Fundament der Freundlichkeit ist und bleibt die Intensität meiner Verbindung zu Jesus Christus. Und er „will", daß ich freundlich bin.

Es geht also letztlich nicht einmal um die Anstrengung des „ich will", sondern um die Zustimmung und Unterordnung darunter, daß „er es will". Und zwar in mir und durch mich.

Hier sind Charaktere und Wesenseigenschaften miteinander verknüpft, die wir als Menschen gern voneinander abhängig machen. Freundlichkeit setzt Selbstbeherrschung voraus, und auch Sanftmut und Keuschheit sind ohne Selbstbeherrschung nicht denkbar.

Das ist in einer gegenseitigen Wechselwirkung zu verstehen. Denn die tragende Basis unserer Keuschheit ist eben nicht unsere Selbstbeherrschung, sondern das Fundament von Sanftmut, Keuschheit, Freundlichkeit und Besonnenheit (Selbstbeherrschung) ist wiederum unsere Beziehung zu Christus. Alle diese Wesensmerkmale, die bei keinem Menschen so deutlich hervortreten wie bei Christus, dem „Ebenbild Gottes", haben bei uns als gemeinsame Wurzel die Verbindung mit Gott. Sie wachsen nicht als unterschiedliche Früchte, sondern als Einheit christlicher Persönlichkeit, eben als „Frucht des Geistes".

Von der Begrenzung unserer Tragfähigkeit

Paulus schreibt: „Freut euch mit den Fröhlichen und weinet mit den Weinenden" (Römer 12,15). Ich fürchte, wir verstehen diese Anweisung manchmal fälschlich als weltweit gedacht und leiden dann unter der Überforderung, die sie uns unter diesem Aspekt auferlegen muß. Gemeint sind, so denke ich, vielmehr die Menschen in unserem engeren Lebens- und Erfahrungsbereich.

Denn kein Mensch kann alles Leid der Welt ertragen, auch nicht mittragen oder nachempfinden. Er ist nicht einmal fähig, die Freude aller sich Freuenden zu teilen.

Denken wir an einen Friedhofsgärtner, der täglich an etlichen Beerdigungen beteiligt ist. Es ist völlig unmöglich, daß er jeden dieser Trauerfälle zu seinem eigenen Trauerfall macht. Aber er kann das Leid anderer achten und ihnen in einer Weise begegnen, daß sie das spüren. Das ist die in seinem Fall geforderte Höflichkeit bzw. Freundlichkeit.

Kann ich einen anderen mit den Augen Gottes sehen?

Beim Mitfreuen haben wir oft noch größere Probleme; denn nicht selten sind da Neid und Mißgunst im Weg. Wir können uns bei den Erfolgen anderer oft nicht so recht mitfreuen, weil dadurch die Aufmerksamkeit auf sie gelenkt wird und wir vielleicht nicht die Beachtung finden, die wir uns selbst wünschen. Hier wird dann schlicht unser Egoismus erkennbar.

Natürlich könnte das die entscheidende Abhilfe bedeuten. Aber ich fürchte, daß wir uns hier einmal mehr überfordern. Denn wir können wohl keinen Menschen mit den Augen Gottes sehen. Einfach deshalb nicht, weil wir nicht Gott sind und erst recht nicht seine Augen haben.

Ich beschränke mich auf einen Hinweis: Gott ist überzeitlich und allwissend. Er sieht einen Menschen im Zusammenhang mit dessen Geschichte. Das heißt, von den Vorfahren her, denen er seine Veranlagung verdankt, über die Gegenwart bis in die Zukunft und schließlich bis zur Erfüllung seiner Existenz in der neuen Welt Gottes. Ein solcher Blick muß uns versagt bleiben. Wir können ihn uns weder vorstellen, noch ihn begreifen. Aber er macht den Unterschied zwischen uns und Gott deutlich.

Vielleicht sollten wir bescheidener sein und auch die Forderung an uns selbst nicht überziehen. Eins aber können wir einüben: nämlich einen Menschen zu erkennen und zu begreifen als einen Gegenstand der Liebe Gottes. Was immer er tut oder sagt, Gott liebt ihn. Und vermutlich will unser Mitmensch das Böse so wenig wie wir.

Wenn wir einen Menschen so sehen lernen, begreifen wir, wie vordergründig unsere Beobachtungen oft bleiben. Gewiß, wir sehen sein optisches Erscheinungsbild, und das gibt über seine Person mancherlei Aufschluß. Wir sehen ihn intellektuell; wir wissen um seinen Weg, seine Ausbildung, seine Veranlagungen und Begabungen. Aber wir können ihm eben nicht ins Herz schauen.

Und hier scheitert so mancher unserer Versuche, freundlich zu sein. Antoine des Saint Exupery bezeichnet die „Sprache als die Quelle der Mißverständnisse" (Der kleine Prinz). So kann die Sprache zerstörend wirken, weil die Möglichkeit des Verstehens immer auch das Mißverständnis einschließt.

Wir hören nicht selten etwas heraus, was der andere gar nicht gemeint hat. Und wir selbst sagen Dinge, die von unserem Gegenüber anders verstanden werden, als wir sie verstanden wissen wollen.

Deshalb habe ich mir vorgenommen, nicht mehr zu behaupten: „Du hast gesagt ...", um einen anderen festzulegen. Denn man kann so etwas nicht beweisen. Wer könnte schon um zehn Uhr wortwörtlich wiederholen, was er um acht Uhr gesagt hat.

Sobald wir versuchen, uns gegenseitig in dieser Weise festzulegen, ist der Streit bereits vorprogrammiert. Der eine behauptet: „Das habe ich doch gar nicht gesagt. Ich habe es so gemeint." Und der andere entgegnet: „Du hast aber das und das gesagt." Schon ist der schönste Streit im Gange.

Aus diesem Grund möchte ich einem anderen gegenüber nicht mehr behaupten: „Du hast gesagt." Statt dessen möchte ich sagen: „Ich habe dich so und so verstanden."

Hier liegt unser Problem, daß wir eben nicht „mit den Augen Gottes" sehen, d. h. den Menschen mit all seinen Motiven und Absichten durchschauen können. Wenn wir wissen, daß er ein Mensch ist, den Gott liebt, dann ist schon viel gewonnen. Dann verlieren wir das uns immer wieder anhaftende Mißtrauen, das uns oft den Weg zum anderen versperrt.

Jesus, der große „Freundliche"

Jesus, der „sah", wo uns oft die Augen gehalten sind, faßte das Kernproblem in einem Satz zusammen, als man ihn bis an die Grenze der Belastbarkeit quälte. Er sagt: „Vater, vergib ihnen, denn sie wissen nicht, was sie tun."

Das größte Unrecht, das es je auf der Welt gegeben hat, ist die Kreuzigung Jesu. Alles, was uns an sogenannten Ungerechtigkeiten zustößt, sind dagegen homöopathisch verdünnte Lapalien. Da können wir mit unserem kleinkarierten Ich und dem bißchen Unrecht, das uns widerfährt, eigentlich nur beschämt schweigen. Denn was ist das angesichts der Tatsache, daß ihm alle Ungerechtigkeit aller Menschen aller Zeiten aufgebürdet wurde? Und trotzdem durchschaut Jesus die Situation. Er erkennt: Die anderen wissen ja gar nicht, was sie mir antun.

Vieles, was wir als Unrecht empfinden, widerfährt uns ungewollt. Der andere weiß gar nicht, was er damit bei uns ausgelöst hat. In vielen Fällen will er uns gar nicht ärgern.

„Vater, vergib ihnen", das ist das Fundament unserer Freundlichkeit. Wo wir diese Grundlage verlassen, wird es immer wieder zu Streitereien und Kriegen kommen: in der Familie, in der Gemeinde, in der Gesellschaft, zwischen den Völkern. Wir werden an der Menschenfreundlichkeit Gottes vorbeileben.

Aber war Jesus denn wirklich so geduldig? War er immer freundlich? Ertrug er alles? Nun werden viele einwenden: Und wie war das mit der Tempelreinigung? Wo blieb da die Freundlichkeit, als er mit einer Geißel in der Hand die Verkäufer aus dem Tempel trieb, ihre Tische umstieß, so daß ihr Geld zu Boden fiel?

Sicher hat Jesus hier konsequent einschreiten müssen, um den Tempel Gottes vor Mißbrauch zu schützen. Aber das Bild in den illustrierten Bibeln, das Jesus mit erhobenem Arm darstellt, wie er mit einem Strick in der Hand die Händler aus dem Tempel trieb, könnte täuschen. Markus berichtet, daß Jesus bereits am Vortag im Tempel war und sich das Treiben gründlich angesehen hat. Einen Abend und eine Nacht lang hat er es dann in Bethanien überdacht; vielleicht hat er sich hier aus Stricken eine Geißel geflochten.

Am nächsten Tag kam er wieder und schaffte Ordnung. Aber von dem Strick ist nur bei Johannes die Rede. Und nirgends steht, daß er ihn gegen Menschen erhoben hat. Jesus hat immer zwischen der Sünde und dem Sünder unterschieden. Es gibt keine Veranlassung anzunehmen, daß er diesem Grundsatz hier untreu geworden wäre.

Er hat für klare Verhältnisse zu sorgen. – Es kann auch bei uns vorkommen, daß man Mitarbeiter korrigieren oder gar entlassen muß. Dabei müssen Sachprobleme erörtert und geklärt werden; aber das kann durchaus freundlich geschehen.

Paulus stellt in 1. Korinther 13 fest, daß „die Liebe alles erträgt“. Wenn wir das akzeptieren, dann muß alles, was wir nicht ertragen (also auch jeder Ärger und jede Unfreundlichkeit), Sünde sein.

Da Jesus „ohne Sünde“ war, kann er das Gesetz der Freundlichkeit Gottes nie durchbrochen haben, auch wenn das für uns nicht immer ohne weiteres erkennbar sein mag.

Ich möchte den Menschen so begegnen und vergeben, wie mir Jesus Christus begegnet ist und vergeben hat.

Ich möchte mit den Menschen so umgehen, wie Jesus seinen Zeitgenossen begegnet ist. Und das muß ich täglich neu üben; das gehört zu meiner Lebensschule. Es gibt keine Vollkommenheit, die einen Menschen einfach anfliegt. Man muß Stein auf Stein bauen. Und manchmal fällt die Mauer um, und man fängt wieder von vorn an. Aber so lernt man, immer etwas freundlicher zu reagieren und weniger zurückzuschlagen.

Negativbeispiel: die Brüder Josephs

Als sie merkten, „daß ihn (Joseph) ihr Vater lieber hatte als alle seine Brüder, wurden sie mit ihm feind und konnten ihm kein freundliches Wort sagen“ (1. Mose 37,4). Damit beginnt die Geschichte des Bruderzwists. Sie konnten nicht mehr freundlich miteinander reden.

War ihr Zorn auf den verhätschelten Liebling nicht berechtigt? Dauernd wurde er vorgezogen. Er bekam den schönsten Anzug, wurde verwöhnt, und die anderen mußten schuften. Waren die benachteiligten Brüder nicht zu Recht sauer?

Aber die ganze traurige und grausame Geschichte, von der hier berichtet wird, beginnt damit, daß man nicht mehr miteinander reden kann, und führt bis zum versuchten Totschlag. Die Brüder hatten ja nur Glück, daß kein Wasser in der Zisterne war.

Beginnen unsere Probleme bei Mitmenschen nicht oft an gleicher oder ähnlicher Stelle? Wir können auch nicht mehr freundlich miteinander reden. Jesus greift das auf, wenn er sagt: „Wer aber zu seinem Bruder sagt: Du Narr!, der ist ein Totschläger“ (vgl. Matthäus 5,22). Es fängt damit an, daß wir nicht mehr freundlich miteinander reden können. Und es endet bei Mord und Totschlag.

Paulus hält dem entgegen, wie er sich mit seinen Mitarbeitern verhält: „Man schmäht uns, so segnen wir; man verfolgt uns, so dulden wir's; man verlästert uns (und schlimmer kann man mit der guten Absicht anderer ja wohl kaum umgehen!), so reden wir freundlich“ (1. Korinther 4,12).

Freundlichkeit als Übungsaufgabe

Die Christen in Kolossä forderte Paulus auf: „So zieht nun an als die Auserwählten Gottes ... herzliches Erbarmen, Freundlichkeit, Demut, Sanftmut, Geduld; und ertrage einer den anderen und vergebt euch untereinander, wenn jemand Klage hat gegen den anderen; wie der Herr euch vergeben hat, so vergebt auch ihr! Über alles aber zieht an die Liebe“ (Kolosser 3,12–14). – Anziehen muß man sich täglich, und nicht selten mehrmals. Mancher braucht länger dazu, bei anderen geht es schneller. Aber keiner schläft in seinem Tagesanzug. Ich muß mich täglich anziehen. Das bedeutet: üben, üben, üben.

Ein großer Pianist hat einmal gesagt: „Wenn ich einen Tag

Das Jenseitige ist nicht das unendlich Ferne, sondern das Nächste. Letzter Ernst ist nie ohne eine Dosis Humor.

Dietrich Bonhoeffer

nicht übe, dann merke ich es. Wenn ich zwei Tage nicht übe, dann merken es meine Freunde. Und wenn ich drei Tage nicht übe, dann merkt es das Publikum." Aber wir meinen manchmal, das Freundlichsein schafften wir so mit links. – Dabei brauchen auch wir das tägliche Training. Im Kolosserbrief heißt es, Kapitel 3, Vers 16: „Laßt das Wort Christi reichlich unter euch wohnen ... lehrt und ermahnt euch in aller Weisheit ... und singt Gott in euren Herzen." Und im darauffolgenden Kapitel mahnt Paulus: „Eure Rede sei allezeit freundlich." In früheren Übersetzungen stand hier das Wort „lieblich"; deshalb meint mancher, es ginge um freundliche Phrasen, darum, daß man dem anderen Honig um den Bart schmiert.

Aber Paulus ist anderer Meinung. Denn er fügt hinzu: diese freundliche Rede soll mit Salz gewürzt sein, „daß ihr wißt, wie ihr einem jeden antworten sollt". Ich bin also aufgefordert, das Wichtigste zu sagen, das Substantielle, das dem anderen hilft, auch wenn es ihn möglicherweise kritisiert. Doch – ich soll es freundlich tun.

Wir sind heute eine Gesellschaft von Männern ohne Krawatten. Wir empfinden das als leger und frei. Aber es ist die Frage, ob wir mit dem Schlips nicht auch anderes weggelassen haben: manches von dem, was man früher Lebenskultur nannte, und dazu gehört nicht zuletzt die Höflichkeit. Wer in Hemdsärmeln herumläuft, benimmt sich nun einmal leichter „hemdsärmelig".

Man hat den Eindruck, daß es in unserer Gesellschaft heute Gruppen gibt, die Höflichkeit beinahe als anstößig empfinden.

Freundlichkeit als Luftkissen

Ich stamme aus dem Ruhrgebiet. Dort redet man offen miteinander. Wo es eben geht, verzichtet man auf Schnörkel.

Zwei Frauen treffen sich in der Straßenbahn. Fragt die eine: „Komm'ste?"

Antwortet die andere: „Berta."

Rückfrage: „Geh'ste?"

Antwort: „Hause."

Auf Hochdeutsch müßte diese Unterhaltung etwa lauten:

„Wo kommst du her?"

„Ich habe Berta besucht."

„Und wo gehst du jetzt hin?"

„Ich fahre nach Hause."

Aber nicht überall in Deutschland ist Bottrop. Trotzdem haben wir uns diesen burschikosen Umgangston mehr und mehr angewöhnt – auch da, wo er eigentlich nicht hinpaßt.

Ich halte nichts von Höflichkeit als Form des „zierlichen Betrügens". Aber sie kann auch einem Luftkissen gleichen. Es ist nichts Spektakuläres drin, und trotzdem mildert es manchen Stoß des Lebens. Vielleicht haben wir Christen die Bedeutung der Höflichkeit unter diesem Gesichtspunkt manchmal unterschätzt.

Wenn wir uns doch mehr freuen könnten!

Vieles wird davon abhängen, ob wir es lernen, uns mehr zu freuen. Denn im gleichen Ausmaß wird uns nichts mehr daran liegen, anderen Leid zuzufügen. Muß uns denn wirklich der Ärger, den wir anderen verdanken, dauernd beschäftigen? Muß ich mich in diesen Ärger verbeißen?

Atme doch einfach einmal tief durch! Tritt ans Fenster, beobachte, wie eine Wolke am Himmel ihre Form verändert, freu dich an einer Blume auf deinem Fensterbrett!

Oder geh' in den Wald und klag' Vögeln und Bäumen deinen Kummer. Die Vögel werden weitersingen, und der Wind wird weiter in den Wipfeln der Bäume rauschen. Aber im Wald kannst du hinausschreien, was dich quält. Und da kannst und sollst du es tun. Das ist die rechte Weise, „Dampf abzulassen". Und wenn du dann zurückkommst, wird dir, hoffentlich, leichter um's Herz sein.

Schrei zu Gott!

Der Wald ist eine gute Stelle, um den Ärger loszuwerden. Aber es gibt noch eine bessere. Die Psalmisten (vielleicht war es ihnen bis zum Wald auch zu weit) haben zu Gott geschrien. Das ist der Ort, an dem auch ich meinen Zorn hinausrufen möchte. Wenn ich schon schreien muß, dann zu Gott. Allerdings enthält die Bezeichnung „schreien" dann keinen Hinweis auf die Lautstärke mehr. Der eine tut es laut, der andere leise. Aber die Psalmisten bestätigen übereinstimmend: „Er hört ihr Schreien und hilft ihnen" (Psalm 145,19).

Die Israeliten lamentierten nicht vor Menschen. Von ihnen hatten sie nichts zu erwarten. Sie wußten, daß ihre Hilfe nur von Gott kommen konnte.

Wenn wir heute mehr mit Gott über unsere Mitmenschen und das Unrecht, das sie uns zugefügt haben, reden würden, brauchten wir uns über die gleichen Dinge weniger bei anderen Menschen zu beklagen. Das wäre für alle Beteiligten heilsam.

„Dampf" – eine Energie, die man positiv und negativ nutzen kann

Auf dem Flug nach Korsika, wo ich in einer Freizeit zu diesem Thema sprechen sollte, fand ich in der Zeitung „Die Welt" einen interessanten Artikel.

„Dampf ablassen" nach einem handfesten Ärger wurde darin keineswegs als Befreiung bezeichnet. Zugleich wurde der These widersprochen, „daß es krank mache, wenn man Ärger in sich hineinfresse".

Moderne amerikanische Psychologen sehen im Ärger nichts weiter als einen Bereitschaftszustand unserer Persönlichkeit. Es liege an uns, ob wir diesen Zustand bis zur Aggression treiben, zu Gewalt in Wort und Tat, mit den zwangsläufigen negativen Konsequenzen – oder ob wir den Adrenalinstoß, den raschen Puls, den höheren Blutdruck (kurzum: die „Alarmbereitschaft") positiv nutzen und den Ärger zu unserem Verbündeten machen.

So jedenfalls sieht es der Psychologe Neil Clark Warren aus Kalifornien. Und Carol Tavlis, Professorin für Gesellschaftspsychologie in New York, stimmt ihm zu. Sie bezeichnet Ärger als „die falsch verstandene Emotion".

„Versuchen Sie doch, Ihrem Recht in jenem ärgerlichen Ton,

den Sie von zu Hause gewohnt sind, in England, China oder Peru Geltung zu verschaffen", fordert sie ihre amerikanischen Leser auf. „Man wird Sie lediglich für den typischen, lauten, unerzogenen Amerikaner halten." Anders ausgedrückt: Überall werden Menschen zornig. Aber sie drücken ihren Ärger den Regeln ihrer Kultur entsprechend aus.

Nun ist es interessant, daß Japaner, deren Kultur Höflichkeit vorschreibt und denen jegliche Äußerung von Ärger verboten ist, dennoch nicht an Herzinfarkt oder Bluthochdruck sterben. Ärger zu kontrollieren, ist also offenbar ebenso erlernbar wie das Gegenteil, nämlich: ihm nachzugeben. Es kommt darauf an, wie weit man den Nutzen des einen bzw. den Schaden des anderen erkennt.

Carol Tavlis führt zwei Beispiele aus derselben Sportart an: John McEnroe und Björn Borg. Der eine präsentiert sich mit Wutanfällen, der andere als Muster an Selbstkontrolle. „McEnroes Wutanfälle dauern solange an, bis sie die nötige Aufmerksamkeit erregt haben", schreibt Carol Tavlies. „Sie sind keineswegs spontan und unkontrolliert, sie nutzen ihm vielmehr. Sie geben ihm Energie gegenüber seinen Gegenspielern, erregen Aufmerksamkeit und Publicity." Björn Borgs Selbstkontrolle sei dagegen musterhaft, aber schmerzhaft erlernt worden. Als er 13 war, sperrte ihn sein schwedischer Klub für sechs Monate. „Das war schrecklich, aber eine gute Lektion", erklärte Borg später.

Interessanterweise kann auch McEnroe sich benehmen. Besonders, wenn er gegen Borg spielt. „Bei ihm muß ich einfach, es ist nicht nur Respekt. Ich kann es mir bei ihm nicht leisten, auch nur ein bißchen Energie zu verschwenden."

Das Urteil des Psychologen Neil Warren lautet: „Je öfter man explodiert, um so schneller wird es zur Gewohnheit." Und Carol Tavlies fügt hinzu: „Ärger zu unterdrücken ist gesünder, als ihn auszudrücken, weil man sich bei jedem ‚Dampf-Ablassen' erneut in Wut hineinsteigert." Der Ärger wird nicht weniger, sondern mehr. Wohin also mit dem Zorn?

Beide Wissenschaftler stellen die landläufige Meinung auf

den Kopf, wenn sie behaupten: „Dampf-Ablassen" befreit nicht, sondern führt nur zu neuem Ärger.

Sie wenden sich damit gegen eine Auffassung, die wir bisher für richtig hielten: Dampf ablassen (wenngleich in bestimmten Situationen durchaus berechtigt und notwendig) befreit nicht generell, sondern führt häufig nur zu neuem Ärger.

Wir sind aufgefordert, da Dampf abzulassen, wo es niemandem schadet. Es geht nicht darum, alles unterdrücken zu wollen. Bestimmte Dinge muß man sich von der Seele schreien. Aber dann muß die Sache von gestern irgendwann ihr Ende finden. Sonst führen Aggressionen immer zu neuen. Viele Kriege in der Weltgeschichte haben hier ihren Ausgangspunkt.

Viele Dinge kann man in zweifacher Hinsicht falsch machen: Man kann Ärger falsch abreagieren, und man kann falsch handeln, weil man ihn nicht abreagiert hat. Das eine ist so wenig hilfreich wie das andere. Nur kann man heute nicht mehr davon ausgehen, daß „Dampf-Ablassen" um jeden Preis die bessere Lösung bedeutet.

Vom Ärger zur Vergebung

Im Grunde lautet die Frage ganz anders. Wenn wir uns überlegen, wie wir von unserem Ärger frei werden können, so lautet die Antwort schlicht: durch Vergebung.

In diesem Zusammenhang müssen wir allerdings zugeben, daß wir uns so manchen Winkelzug ausgedacht haben, um diese einfache Konsequenz zu umgehen. Wir benutzen das Bedürfnis des „Dampf-Ablassen-Müssens" als Entschuldigung. Aber dafür ist es untauglich; denn eine solche Entschuldigung gibt es nicht.

Wir wissen, daß wir von Gott aufgefordert sind, unseren Mitmenschen zu vergeben. Alles, was wir uns zusammenreimen, um dieser eindeutigen Schlußfolgerung zu entgehen – sei es die Schädlichkeit, Ärger in sich hineinzufressen oder die Verwerflichkeit, Dampf abzulassen – führt daran nicht vorbei. Denn letztlich hilft gegen unseren Ärger weder das eine noch das andere. Das alleinige, befreiende Hilfsmittel besteht in der Vergebung.

Niemand behauptet, daß das immer leicht sei. Aber diesem Alarmzustand ist durch falsche Hilfen nicht beizukommen: im Wald seinen Ärger hinausschreien, ist der eine Weg; ihn bei Gott abladen, der bessere.

Dabei geht es immer um die Ausnahmesituation. Wenn Friede herrscht und einer dem anderen vergibt, besteht kein Anlaß zu Kummer. Das ist der Idealfall. Was uns Sorgen bereitet ist, daß sich unser Verhalten oft so weit vom Idealfall entfernt.

Diesen „Idealfall" bekommen wir in vielen Predigten präsentiert. „Liebe deinen Nächsten", wird uns da gesagt. Aber die praktische Frage lautet doch, wie ich diese Liebe konkret in Freundlichkeit meinem Nächsten gegenüber umsetzen kann. Dazu soll dieses Buch helfen, daß wir freundlich sein können, auch wenn es noch in uns kocht.

Wenn mich jemand ärgert, flüchte ich oft in den Garten. Ich grabe Beete um und jäte Unkraut. Oder ich fahre noch einmal ins Büro und diktiere Briefe. Dank der (wenn auch weniger schönen) „Energie", die sich in mir angestaut hat, geht es manchmal doppelt so schnell.

Streß: nur im Übermaß schädlich

Der Begriff „Streß“ ist heute ein vielstrapaziertes Schlagwort. Doch ohne positiven Streß könnten wir gar nicht leben.

Als ich das zum ersten Mal von Professor Dr. Wilder-Smith hörte, hat es mir entscheidend geholfen. Unser Körper ist auf „Streß“ (auf Belastung) angelegt. Streß fordert die natürliche Leistungsbereitschaft (und -fähigkeit) des Körpers heraus. Wie so oft im Leben ist nur das Zuviel schädlich.

Es kommt also darauf an, vermeidbare Belastung zu erkennen; und die fügen wir uns häufig selber zu.

Vermutlich können Sie sich vorstellen, wie überrascht ich war, als ich wegen meines Bandscheibenschadens an einer Kur teilnahm und in einem Vortrag den Chefarzt der Klinik sagen hörte: Die wichtigsten Faktoren gegen ein Übermaß an Streß sind Freude, Lachen, Vertrauen, Selbstdisziplin, Freundlichkeit und Nächstenliebe.

Ich bin sicher, daß wir die umfassende Bedeutung von Freundlichkeit (wie Gott sie meint) für unser Leben und unsere Gesundheit noch längst nicht erkannt haben.

Die „freundliche“ Drohung

Eine gründlichere Sicherheitskontrolle als in Israel gibt es vermutlich in keinem Land der Welt. Den zahlreichen Teilnehmern unserer Israelreisen gebe ich bei der Rückreise gewöhnlich den Rat: „Packen Sie Ihre Koffer nur ja nicht zu sorgfältig; schmeißen Sie einfach alles rein. Die Sicherheitsbeamten holen doch alles wieder heraus, und dann müssen Sie ohnehin zum zweiten Mal packen.“

Dazu kommt die Leibesvisitation, bei der einem ebenfalls nichts erspart wird. Oft haben wir bis zu zwei Stunden warten müssen, bis unsere Reisegruppe abgefertigt war. Daraus ergaben sich zwangsläufig Verspätungen. Sie führten dazu, daß Teilnehmer ihre Anschlußflüge in Frankfurt nicht erreichten.

Für mich war die Abfertigung in Tel Aviv immer ein Alptraum. Man steht da, schaut auf die Uhr und stellt fest, daß in diesem Augenblick wieder hundert Teilnehmer ihren Anschlußflug verpaßt haben. Aber in Frankfurt sind die Israelis weit weg. Dann bin nur noch ich da, und alle Probleme und aller Ärger entladen sich bei mir.

Wenn man das schon kommen sieht, während man in Tel Aviv auf dem Flughafen steht und heiße Füße bekommt, wird die Gefahr, daß man explodiert, immer größer. Zunächst habe ich mit den Sicherheitsbeamten verhandelt: „Sie können doch hier mehr Personal einsetzen, das ist doch organisatorisch kein Problem."

Aber der israelische Beamte antwortete lakonisch: „Wir haben nicht mehr Personal."

Ich konterte: „Dann können Sie doch mehr Leute einstellen."

Antwort: „Dafür haben wir kein Geld."

„Dann schaffen Sie doch mehr Planstellen", forderte ich. „Sie bestimmen doch die Höhe der Flughafengebühr. Wir zahlen jetzt 10 Dollar pro Person, aber wir sind auch bereit, 20 Dollar zu zahlen, wenn Sie uns schneller abfertigen."

„Das geht nicht", erklärte er mir.

Darauf konnte ich nur noch eine Antwort geben: „Eins will ich Ihnen sagen: Die Liebe zu Israel lasse ich mir auch durch Ihre Schikanen nicht nehmen."

Fünf Minuten später waren wir alle durch die Kontrolle. Er hatte alles Personal herangeholt, das er erreichen konnte, und unsere Leute bevorzugt abgefertigt.

Ich habe diesem Beamten lediglich zu verstehen gegeben, daß ich am Ende war und nicht mehr weiter wußte. Zugleich habe ich ihm versichert. „Trotzdem werde ich Israel lieben."

Haben Sie Ähnliches schon mal bei Ihrem Arbeitskollegen

oder bei Ihrer Frau probiert? Das ist eine Drohung, die es in sich hat. Das verstehe ich unter: „freundlich die Meinung sagen“.

Wenn Sie das nächste Mal beleidigt sind, drücken Sie Ihrem Arbeitskollegen doch einfach die Hand. Fallen Sie Ihrer Frau um den Hals und sagen: „Hör auf mit deinen Schikanen, ich laß mir die Liebe zu dir nicht nehmen, auch wenn du dir noch ganz andere Dinge einfallen läßt!“

Um auf den Flughafen von Tel Aviv zurückzukommen: Natürlich hätten wir die Berechtigung gehabt, uns lauthals zu beschweren: „Das ist Schikane, was Sie hier machen!“ – Das wäre, wenn wir ehrlich sind, unsere normale Reaktion. Aber hätte ich „normal“ reagiert, wäre vermutlich eine Katastrophe die Folge gewesen. Vielleicht hätten sie mich sogar verhaftet. Die andere Verhaltensweise führte zum Erfolg: Mein Gegenüber begriff, daß ich ihm nicht an den Kragen wollte, sondern daß es mir um Übereinstimmung ging. Und zu der habe ich mich trotz meines Zorns bekannt. Denn ich lasse mir durch solche Dinge meine Liebe zu Israel wirklich nicht nehmen.

Daß wir uns ärgern, ist natürlich. Wer sagt, er ärgere sich nie, muß sich fragen lassen, ob er zu niedrigen Blutdruck hat. Wir müssen erkennen, daß wir uns ärgern, sonst betrügen wir uns selbst. Denn wer sagt, daß er keine Sünde habe, belügt sich selbst.

Es geht nicht um den Nachweis, daß wir alle eine blütenweiße Weste haben. Es kommt darauf an, daß Gott über unseren Zorn triumphiert, und daß wir das um unseretwillen (und wegen unserer Verhaltensweisen, die daraus entspringen) anerkennen.

Hat Gott Humor?

Als das Missionswerk NEUES LEBEN vor Jahren in Verhandlungen um das Calvi-Hotel stand, flog ich zu weiteren Gesprächen mit einer Privatmaschine nach Korsika. Die Piloten wunderten sich über meine fröhliche Art und fragten sich, was ein Missionar denn wohl in Korsika zu suchen habe.

Dieselbe Frage stellte ich mir damals auch; denn bis dahin hatten wir nur biblische Studien-Reisen nach Israel, Griechenland und in die Türkei durchgeführt. Auch ich fand keinen Hinweis darauf, daß Paulus jemals in Korsika gewesen sei. Trotzdem haben wir uns später geeinigt, und die NEUES LEBEN-Freizeiten im Calvi-Hotel sind zu einer feinen missionarischen Sache geworden.

Damals aber fragten mich die Piloten: „Sie sind so fröhlich und lachen gern. Hat Jesus auch Humor gehabt?"

Ich habe ihnen geantwortet, daß Humor lediglich einen kleinen Ausschnitt von Freude darstellt und daß Jesus die Freude in Person war. Genauso können sie mich fragen, ob ein Auto auch einen Aschenbecher habe.

Wenn Jesus die Freude Gottes in sich verkörperte, dann muß er auch Humor gehabt haben. Er hat lediglich keine schlechten Witze erzählt. Aber das ist ein himmelweiter Unterschied.

Humor ist etwas Gutes, das bei uns oft viel zu kurz kommt. Viele ernsthafte Christen handeln nach der Devise: „Die frohe Botschaft ist eine todernste Sache." Und damit sind wir einmal mehr mitten in der Spannung. Denn natürlich haben die Leute, die diese Ansicht vertreten, recht: Es ist eine Sache auf Leben und Tod, wenn ein Mensch stirbt, ohne sich Jesus anvertraut zu haben. Aber gerade weil nach dem Tod Gericht und Hölle drohen, ist das Evangelium, das dem Menschen um Christi willen Schadensfreiheit zusichert, nichts weniger als eine „frohe Botschaft".

Natürlich muß ich einem anderen Menschen sagen: „Du

gehst verloren, wenn du nicht an Jesus glaubst!“ Aber ich muß hinzufügen: „Wenn du diesen Jesus als deinen Retter und Herrn annimmst, dann bist du gerettet, begnadigt und für Zeit und Ewigkeit erlöst.“ Das ist doch der Sinn aller unserer evangelistischen Arbeit.

Die Menschen müssen wissen, daß sie ohne Jesus verlorengehen und daß es eine ewige Verdammnis gibt. Das ist wichtig. Aber deshalb kann ich die frohe Botschaft nicht zu einer Droh-Botschaft machen. Das wäre unbiblisch. Denn Evangelium heißt nun einmal: „Frohe Botschaft“.

Im Brief des Paulus an die Christen in Philippi ist nicht weniger als 16mal von der Freude die Rede. Das Evangelium ist die frohe Botschaft und muß es bleiben.

Lächeln ist einfacher als Stirnrunzeln

Als dem 92jährigen Professor Nonne auf dem Deutschen Ärztetag die Paracelsus-Medaille verliehen wurde, gab er den Zuhörern in seiner Dankansprache einen weisen Rat. Er sagte: „30 Muskeln muß der Mensch betätigen, um seine Stirn zu runzeln, aber nur 13 um zu lächeln. Bitte gehen Sie sparsam mit Ihren Kräften um, lächeln Sie öfter!“

Das klingt vielleicht lustig und ist möglicherweise wirklich energiesparend. Auf jeden Fall entspricht es der Tatsache: sich zu ärgern bedarf einer größeren Anstrengung, als sich zu freuen. Aber wir Menschen suchen uns manchmal gern das Schwere aus.

Wenn Gott sich an der Schöpfung freut, warum nicht wir?

„Da war ich als sein Liebling (Werkmeister) bei ihm; ich war seine Lust täglich und spielte vor ihm allezeit; ich spielte auf seinem Erdkreis und hatte meine Lust an den Menschenkindern“ (Sprüche 8, Verse 30–31). Die Rede ist in diesem Zusammenhang von der Weisheit. Manche Einzelheiten dieses Textes sind für uns schwer zu verstehen. Aber eins läßt sich daraus ablesen: Was Gott uns Menschen entgegenbringt, ist mehr als Humor. Er hat, in welcher Gestalt auch immer, Freude (Lust) an der Begegnung mit seinen Menschen.

Wir dagegen verkrampfen uns oft in falsch verstandener Heiligkeit. Denn wir neigen zur Verklemmung. Aber dem, was Gott meint, ist nicht mit Verkrampftsein, sondern nur mit Entkrampfung gerecht zu werden; vielleicht am ehesten mit Singen und Spielen.

Warum nehmt ihr jungen Leute denn nicht an einem Guitarrenkurs teil? Warum muß der Posaunenchor auf eure Mitarbeit verzichten?

Wer spielt denn heute noch „Mensch ärgere dich nicht“? Dabei können wir in diesem Zusammenhang „spielend“ lernen, uns nicht zu ärgern.

Warum spielen Sie denn nicht mal wieder „Elfer raus“, Mühle oder Schach, statt sich über das schlechte Programm des Fernsehens zu entrüsten? Was mein Denken ausfüllt, bestimmt auch meine Reaktionen. An diesem Punkt ist unsere Lernbereitschaft gefragt.

Ein freundliches Wort kostet nichts und ist doch das schönste aller Geschenke

Daphne du Maurier

Wir werden einmal die Rechnung für alle lieblosen, ärgerlichen und boshaften Worte präsentiert bekommen, die unnütz waren, weil sie nicht geholfen, sondern geschadet haben. Und diese Negativbilanz wird sich verdoppeln: indem alle freundlichen, aufmunternden und helfenden Worte hinzuaddiert werden, die wir so leicht hätten sagen können, und die doch unausgesprochen blieben.

Wir vergraben freundliche Worte wie einen Schatz – aus Angst, uns etwas zu vergeben. Dabei erhalten sie, für andere wie für uns selbst, erst ausgesprochen ihren Wert. Die unterschlagenen freundlichen Worte sind ein verscharrtes „Pfund" in unserem Leben, das wir täglich viele Male ungenutzt lassen.

Bauen wir unsere Barrikaden nicht oft selber auf?

Bei uns dagegen ist nicht selten unsere egoistische Art, unser Mangel an Vergebungsbereitschaft für das unfreundliche Klima zwischen uns und unseren Mitmenschen verantwortlich. Wir bemitleiden uns selbst, und das hat nach den Aussagen des Neuen Testaments ebensowenig Verheißung wie Rechthaberei.

Wenn ich selbst Vergebung empfangen habe, brauche ich sie, genau genommen, nur weiterzugeben. Mehr wird von mir nicht verlangt. Ich soll nur tun, was von Gott – an mir selbst – getan worden ist. Dann gibt Gott mir ein völlig neues Verhältnis zu Männern und Frauen in der Gemeinde, zu Kollegen und Verwandten: sie werden zum Gegenstand meiner Liebe. Denn der andere ist auch dazu mein Nachbar, daß ich ihn lieben lerne und er durch mich Hilfe erfährt.

Wenn ich zuerst freundlich bin, fällt es anderen schwer, unfreundlich zu sein

Als wir in das Dorf eingezogen waren, in dem wir jetzt wohnen, beschwerte sich jemand bei mir, daß die Nachbarn ihn nicht grüßten. Ich antwortete ihm: „Das habe ich noch gar nicht festgestellt. Denn ich grüße immer zuerst. Und als Reaktion grüßen sie mich alle wieder." Eigentlich eine einfache Sache, nicht?

Aber natürlich gibt es auch die anderen: sie beschweren sich laufend darüber, daß sie nicht eingeladen werden, daß die anderen dies und jenes nicht richtig machen. Aber sie selbst laden niemanden ein. Sie gehen auch auf keinen Menschen zu. Aber genau darum geht es. Geh doch auf den anderen zu und erdulde etwas von dem, was man dir vielleicht antun möchte.

Aber bitte gehen Sie, was das Erdulden angeht, nicht so weit wie jener Fernfahrer:

Er saß in einer Raststätte und aß. Da kamen zwei Rocker in Motorradkleidung herein, zogen dem Mann die Serviette durch die Suppe, beschmierten seine Haare mit Senf und stülpten ihm zum Schluß eine Schüssel Spaghetti über den Kopf. Der Fernfahrer blieb ruhig, trank seine Cola aus, bezahlte und verließ den Raum.

Verdutzt fragten daraufhin die Rocker den Kellner, was das denn für ein komischer Typ sei.

„Nun", antwortete dieser, „das war wirklich ein seltsamer Heini. Autofahren konnte er übrigens auch nicht. Eben hat er beim Zurücksetzen mit seinem LKW zwei Motorräder total demoliert."

Das ist das Negativbeispiel. Aber wir haben keine Veranlassung, uns darüber zu erheben. Denn auch wir bringen Ähnliches durchaus fertig. Wir bleiben ruhig und lassen den anderen sich austoben. Aber wir tun es in dem sicheren Gefühl, daß wir ihm anschließend unsererseits eins auswischen werden – oder es bereits getan haben, ohne daß jener es weiß.

Franz von Assisi: nicht sein sonniges Gemüt verhalf ihm zur Freundlichkeit

Dieser Franz von Assisi war auch so ein komischer Heiliger. Jedenfalls hielten ihn viele dafür. Er besaß weder ein sonniges Gemüt, noch war er durch besondere Begabungen bevorzugt. Er lebte vor 750 Jahren als Sohn eines reichen Kaufmannes. Und dann hat er auf allen Besitz verzichtet, jede finanzielle Sicherung ausgeschlagen und sein Leben ausschließlich dafür eingesetzt, den Aussätzigen und Bettlern zu helfen.

Unwillkürlich stellt man sich einen solchen Mann todernst und von übermäßigem Streß gezeichnet vor, wie er verbissen daherwankt und seinen Aufgaben nachgeht.

So wie heute viele Christen sagen: „Die frohe Botschaft, das ist eine todernste Sache" (und niemand kann und darf das bestreiten). Aber sie meinen, man dürfte deshalb (welch grotesker Widerspruch!) auch nicht lachen, wenn von dieser frohen Botschaft die Rede ist. Es müsse alles ernst und verbissen zugehen. Die wahren Knechte Gottes zeichnen sich nach ihrer Meinung dadurch aus, daß sie immer bleich aussehen und sich am Rande ihrer seelischen und körperlichen Kräfte befinden.

Doch jenen Franz von Assisi (war er etwa deshalb ein sonderbarer Heiliger?) erfüllte eine überschwengliche Freude. Die Leute staunten und fragten sich, wie jemand so heiter sein konnte, der nichts mehr besaß. Aber wer sagt denn, daß er „nichts mehr besaß"? Er nahm zwei einfache Holzstöcke und behandelte sie wie eine kostbare Geige samt ihrem Bogen. Er tat so, als spiele er darauf die schönsten Lieder. Und ich nehme an, er hat schönere Melodien gehört als wir.

Der Reichtum macht's doch nicht, und auch das Material ist nicht das letzte. Vielleicht hören wir die schönsten Melodien nur in unserer Phantasie. Und dann können auch wir sie auf zwei Holzstücken spielen.

Uns Menschen des 20. Jahrhunderts stellt das Fernsehen in diesem Zusammenhang so manches Mal ein Bein. Denn da wird uns alles bildlich vorgemacht. Phantasie ist nicht gefragt. Sie verkümmert, weil wir uns gar nicht mehr vorzustellen brauchen (und können), wie schön Dinge sein können, die nichts kosten.

Franz von Assisi hielt sich an den Übermut der Gaukler und fahrenden Sänger. Er spielte, sang und freute sich. Mochten die anderen ihn für einen Narren halten! Er hatte auf das Geld aus dem Geschäft seines Vaters verzichtet. Aber nicht tierisch ernst und verbittert, es war ein jubelnder Verzicht.

Verzicht als Anlaß zur Freude?

Mit dem Verzichten ist es so eine Sache. Da nimmt man sich ernsthaft vor, das Fernsehgerät nicht einzuschalten, und irgendwann guckt man dann doch die Tagesschau. Und prompt erwischt mich meine Frau dabei und sagt: „Jetzt guckst du ja doch wieder!"

Drei Wochen lang habe ich mich in Fernseh-Askese geübt. Ich bin verbissen herumgelaufen und habe nicht geguckt. Aber das ist unser Problem: daß wir uns nur verbissen von etwas trennen können; mit dem jubelnden Verzicht haben wir so unsere Schwierigkeiten.

Wer die Osterbotschaft gehört hat, der kann nicht mehr mit tragischem Gesicht umherlaufen und die humorlose Existenz eines Menschen führen, der keine Hoffnung hat.

Karl Barth

*

Herr, bitte gib mir Sinn
für Humor,
gib mir die Gnade,
einen Scherz zu verstehen,
damit ich ein wenig
Glück bekenne im Leben und
anderen davon mitteile.

Thomas Morus

Wenn ein Raucher von der Bindung an die Zigarette frei wird, dann entwickelt er sich manchmal zum fanatischen Nichtraucher, der für die Leute, zu denen er gestern selbst noch gehörte, kaum Verständnis aufzubringen scheint. Es geht nicht um die Frage, ob er damit recht hat. Das Problem liegt an einer anderen Stelle: es besteht darin, daß uns Verzicht oft nicht barmherzig, sondern fanatisch macht. Endlich haben wir etwas, was wir vorzeigen können. Aber ich fürchte, Gott geht es nicht um dieses krampfhafte Verzichten („Sieh her, ich habe es zu etwas gebracht!"), sondern um die fröhliche Drangabe dessen, was uns lieb und teuer war. Gerade darin aber liegt der entscheidende Ansatz zur Freude.

Franz von Assisi, den manche heilig nennen, war eben gerade kein Übermensch, der uns zur Verzweiflung treibt, weil wir uns sagen müssen: Das erreichen wir nie. Er war weder überaus glücklich veranlagt, noch besaß er das berühmte „sonnige Gemüt". Er selber sagte von sich: „Gott hat sich in der Welt umgesehen, um einen Elenden zu suchen, an dem er seine Macht offenbaren konnte. Und als seine Augen sich zur Erde wandten, fand er nichts Verächtlicheres, nichts Niedrigeres und Unedleres als mich. Und darum fiel seine Wahl auf mich. Nicht die gute Erbanlage, nicht daß es mir gutgeht, ist der Maßstab meiner Freude, sondern daß Gott mir gut ist."

Wie anders verhalten dagegen wir uns: Wir tasten unsere Gefühle ab, versuchen den Zustand unseres Christseins festzustellen. Aber das Entscheidende ist gar nicht, ob es mir gutgeht oder ob ich mich gut fühle. Daß Gott mir gut ist – das trägt mich hindurch. Auch durch Tod und Leid, „bis hin zur ewigen Freude, die über eurem Haupt sein wird", lautet die Verheißung.

Franz von Assisi ist für mich ein Beispiel dafür, daß man fröhlich auf etwas verzichten kann. Denn er hat unbeschwerten Herzens aufgegeben, was ihm an Reichtum zur Verfügung stand. Damit wurde er zum fröhlichen Narren. Und das wiederum befähigte ihn, über sich selbst lachen zu können.

Ob er damit dem Apostel Paulus nicht sehr nahe war, der gesagt hat: „Wir sind Narren um Christi willen" (1. Kor 4,10)?

II. Zusammenfassung

1. Nehmt dankbar Gottes Freundlichkeit an

„Jauchzet dem Herrn, alle Welt!
Dienet dem Herrn mit Freuden,
kommt vor sein Angesicht mit Frohlocken!
Erkennet, daß der Herr Gott ist!
Er hat uns gemacht und nicht wir selbst
zu seinem Volk und zu Schafen seiner Weide.
Geht zu seinen Toren ein mit Danken,
zu seinen Vorhöfen mit Loben;
danket ihm, lobet seinen Namen!
Denn der Herr ist freundlich,
und seine Gnade währet ewig
und seine Wahrheit für und für". (Psalm 100)

Wer Gottes Freundlichkeit nicht kennt, dem wird es schwerfallen, Freundlichkeit weiterzugeben. Wer die Freundlichkeit Gottes in seinem Leben noch nicht erfahren hat – wie soll der anderen Menschen gegenüber im Sinne Gottes freundlich sein?

Die alttestamentlichen Beter wurden immer wieder neu dankbar, wenn sie darüber nachdachten, was Gott für sie getan hatte. Psalm 100 macht das besonders deutlich: „Denn er ist freundlich und seine Gnade währet ewiglich." Hier liegt das Geheimnis: Dankbare Menschen sind fröhliche, freundliche Leute.

Wir in der Bundesrepublik leben in einem Wohlstandsstaat. Auch da gibt es Härtefälle, die nicht verschwiegen werden dürfen; aber die meisten von uns haben mehr, als sie brauchen. Spätestens ein Vergleich mit den Menschen in der Dritten Welt läßt uns erkennen, daß die meisten von uns in irgendeiner Form reich sind. Und dieser Reichtum schafft Probleme. Nicht zuletzt für Christen. Dürfen wir unseren Wohlstand nutzen? Oder ist es uns nicht erlaubt? Sollten wir uns alle auf ein Fahrrad mit Hilfsmotor beschränken? Ist ein Renault 4 oder 5 schon zuviel? Oder darf man sich mehr erlauben? Sind eine Stereoanlage, ein neuer Anzug, ein schickes Kleid noch vertretbar? Wir fragen immer wieder: Ist das noch erlaubt, oder ist es schon Verschwendung. Wo beginnt der Geiz?

Fragen Sie sich doch einfach, ob Sie für die Anschaffung, die gerade zur Diskussion steht, Gott danken können. Das führt zu zwei wichtigen Feststellungen: Wenn ich für etwas danke, handelt es sich um ein Geschenk; und Geschenke hat man in der Regel nicht verdient. Was mir auf Grund meiner Leistung zusteht, dafür brauche ich mich nicht zu bedanken, das kann ich einfordern.

Wenn ich mich also (bei Gott) für etwas bedanke, wird deutlich, daß es sich dabei nicht um Verdienst, sondern um ein Geschenk handelt.

Wir exerzieren das ja schon mit den kleinen Kindern: Wir verlangen von ihnen wieder und wieder, daß sie danke sagen, wenn sie etwas bekommen. Viel mehr aber hängt von einer solchen Einstellung für mich als Erwachsener ab: Ich weiß dann, daß es sich um ein Geschenk handelt, das ich mir nicht erarbeiten konnte. Ich weiß aber auch: wenn ich es dankbar aus Gottes Hand annehmen kann, dann gehört es mir.

Könnten wir doch allen Besitz, alles Schöne – die Musik, die Kunst, ein gutes Buch und viele Dinge mehr – in dieser Weise dankbar aus Gottes Hand annehmen! Und wenn es uns zusätzlich gelänge, diese Einstellung auf die Menschen zu übertragen, mit denen wir zu tun haben: auf unsere Mitarbeiter, auf den Partner, den Freund, die Freundin. Dann ist nichts von den schönen Dingen in unserem Leben gestohlen. Dann sind sie von Gott geschenkt. Diese Erkenntnis ist eine wichtige Voraussetzung für Freundlichkeit. Denn nur wenn ich dankbar bin, werde ich auch freundlich sein können.

2. Die Freude am Kleinen ist die größte

Der Dank für die kleinen Dinge ist die Voraussetzung dafür, daß ich mich darüber freuen kann. Und diese Freude am Kleinen ist eigentlich die Größte; denn dazu gehört ein weites, auf Gott ausgerichtetes Herz.

Die Menschen, die sich über nichts mehr freuen können, verdienen unser herzliches Mitgefühl. Ein gutes Essen macht sie zu dick, ein Buch ist ihnen zu langweilig, ihr Auto ist zu laut und

Gott danken macht Freude

Herr, es macht Freude,
dir zu danken,
dich, den Höchsten,
mit Liedern zu preisen,
frühmorgens schon deine Güte zu rühmen
und nachts deine Treue zu verkündigen.
Beim Klang der zehnsaitigen Harfe,
zur Musik von Laute und Leier.

Was du getan hast, Herr,
macht mich froh;
dein Eingreifen löst meinen Jubel aus.

Psalm 92, Verse 1–5

verbraucht zu viel Benzin. Irgendwo stimmt alles nicht mehr. Man hat den Eindruck, es müßten große Dinge sein, die dem Menschen vielleicht aus dieser Misere heraushelfen könnten.

Dabei fällt mir Naemann ein. Wenn Gott wenigstens etwas Großes von ihm verlangt hätte! Das hätte er ja getan. Aber nur im Jordan baden, und so ganz ohne Zuschauer? Dennoch sind es die unscheinbaren, kleinen Dinge – die Kleinigkeiten, über die niemand ein Wort verliert – die eigentlich unser Leben ausmachen (und uns in der Art, wie wir sie bewältigen, als Christen glaubwürdig). Aber attraktiv sind sie nicht. Und doch ist es die Dankbarkeit für die kleinen Dinge, die uns befähigt, auch größere Dinge zu bewältigen und damit größere Freuden zu erfahren.

Warum freust du dich so wenig über die kleinen Dinge? Warum fallen sie dir gar nicht auf? Wenn du anfängst, dich über sie zu freuen, werden dich im gleichen Ausmaß auch die Kleinigkeiten des Lebens weniger ärgern. Dankbarkeit und Freude hängen nun einmal zusammen. Nur ein dankbarer Mensch ist auch ein freundlicher Mensch.

3. Die goldene Regel: „Alles, was ihr wollt, daß euch die Leute tun, das tut ihnen auch!"

Das ist die goldene Regel: „Liebe deinen Nächsten wie dich selbst."

So, wie ich mich selbst liebe, so wie ich behandelt werden möchte, so soll ich meine Mitmenschen behandeln. Das sind Dinge, die wir alle kennen. Aber wir müssen sie uns immer wieder in Erinnerung rufen. Denn entscheidend ist, wie weit sie unsere Verhaltensweisen bestimmen.

Im NEUES LEBEN-Zentrum im Wölmersen sind alle zwei Jahre evangelikale Theologen aus ganz Europa zu Gast. Sie kommen immer wieder, weil sie kein Haus gefunden haben, das so auf ihre Wünsche eingeht. Natürlich gibt es komfortablere Häuser (wir verfügen ja noch nicht einmal über genügend Zimmer mit Dusche, Bad und WC), aber sie kommen immer wieder, weil sie sich bei uns zu Hause fühlen.

Die Erklärung ist vermutlich einfach. Wir sind als Evangelisationsteam oft unterwegs gewesen, haben in den unterschiedlichsten Häusern gewohnt. Von daher wissen wir, wie wir behandelt werden möchten. Und nun versuchen wir einfach, unsere Gäste so zu behandeln, wie wir selbst in ähnlichen Situationen behandelt werden wollen. Das grenzt fast an Eigenliebe. Aber mehr verlangt Jesus gar nicht von uns. Er will lediglich, daß wir den anderen so lieben wie uns selbst. Deshalb ist das, was wir in Wölmersen tun, auch gar nichts Besonderes. Wir möchten unseren Gästen lediglich gern das an Wohlbefinden vermitteln, was auch wir uns als Gäste wünschen.

Um zu begreifen, wie wichtig diese Erkenntnis ist, müssen wir uns klarmachen, daß sich im Grunde jeder Mensch danach sehnt, respektiert und angenommen zu werden. Auch der, der sich anscheinend am arrogantesten gebärdet. Auch jener, der vorgibt, die Weisheit mit der Schöpfkelle zu sich genommen zu haben und nun allen anderen die Meinung sagen will. In den meisten Fällen ist das alles nur ein Ausdruck von Hilflosigkeit; dahinter verbirgt sich ein Mensch, der verzweifelt nach Wohlwollen sucht. Auch hinter der härtesten Schale verbirgt sich ein Mensch, der auf Freundlichkeit wartet. Ich könnte Ihnen dazu aus unserer Freizeitpraxis viele Beispiele nennen.

Ich beschränke mich auf ein Erlebnis aus Korsika:

Von Bekannten war er mir bereits angekündigt, ein gewisser Herr X., der ein schwieriger Typ sein sollte. Zu allem Unglück hatten wir keine andere Möglichkeit, als seine Kinder in einem Zimmer am anderen Ende des Flurs einzuquartieren. Und das alles fand ich viel zu spät heraus.

Bei der Ankunft der Maschine ging ich gleich auf ihn zu und

erzählte ihm einiges von unserer Arbeit und unseren Problemen. Das war ohnehin nötig, weil die Zimmer noch nicht fertig waren. Denn vom Verlassen der abreisenden Gäste bis zur Ankunft der neuen vergehen im Calvi-Hotel wenig mehr als 60 Minuten. Selbst mit Aushilfen sind wir nicht in der Lage, in dieser Zeit Zimmer mit 120 Betten für die Neuankömmlinge fertig zu machen.

Also gingen Herr X. und ich schwimmen. Und kein Zweifel, darin war er ein Meister. Ich hielt mit meiner Anerkennung auch nicht zurück.

Abends, als alle sich gegenseitig bekannt machten, habe ich ihn dann vorgestellt: als einen prächtigen Kerl und einen ebenso prächtigen Schwimmer, der sogar hingenommen hatte, daß seine Kinder nicht im Nebenzimmer, sondern etwas weiter entfernt von ihm untergebracht waren.

Sonnenschein zog über sein Gesicht, von Meckern war nicht die Rede. Von dem arroganten Wesen, vor dem man mich gewarnt hatte, war nichts zu merken. Alles, was er suchte, war Verständnis und Anerkennung.

Und wer wartet darauf nicht? Versuchen Sie doch einfach einmal, Ihre Mitmenschen auf deren gute Eigenschaften und Leistungen hin anzusprechen. Sie werden viel mehr damit erreichen als mit Kritik.

Kaum einer von uns wird sich davon freisprechen können, hin und wieder (und sei es durch widrige Umstände) gereizt zu sein. Das ist nur natürlich und widerspricht unserem Wunsch nach Freundlichkeit keineswegs. Wir müssen nur miteinander reden und dürfen nicht erwarten, daß der andere automatisch merkt, daß ich Zahnschmerzen habe, wenn ich mit saurer Miene herumlaufe.

Wir können den anderen doch einfach sagen, daß uns etwas bedrückt. Dann wissen sie es und können darauf Rücksicht nehmen. Es gibt Dinge, bei denen Reden nicht helfen kann. Da soll man nur ja die Klappe halten. Aber wenn ich weiß, was einen Menschen bedrückt (oder wenigstens, daß er Kummer hat), ist es viel leichter für mich, ihm gegenüber freundlich zu sein.

4. Nur was wir gerne, freundlich tun – das zählt

Paulus verweist in einem anderen Zusammenhang auf diesen Punkt. Er erklärt gegenüber den Korinthern: „Daß ich das Evangelium predige, dessen darf ich mich nicht rühmen; denn ich muß es tun. Und wehe mir, wenn ich das Evangelium nicht predigte! Tue ich's gern, so wird's mir gelohnt. Tue ich's nicht gern, so ist mir doch das Amt befohlen" (1. Korinther 9, 16–17).

Bei einem evangelistischen Großeinsatz in Gelsenkirchen hatten wir ein Zelt mit 3000 Plätzen gemietet. Als die Stühle angeliefert wurden, hatten wir um Freiwillige geworben, die diese von Schmutz und Staub reinigen sollten.

Gemeldet hatte sich eine Familie, und die war dann auch damit beschäftigt, die vielen Stühle zu säubern. Das vollzog sich etwa so:

Bei Stuhl 1396: „Wir sind die einzigen."
Bei Stuhl 1397: „Immer nur wir!"
Bei Stuhl 1398: „Kein Mensch hilft uns."
Bei Stuhl 1399: „Und wo bleiben die anderen?"

In diesem Stil ging das weiter. Schließlich sagte ich zu ihnen: „Ich habe den Eindruck, ihr gehört zu den törichtsten Leuten von Gelsenkirchen. Und zwar in dreifacher Hinsicht:

1. Ihr habt die Arbeit und den Ärger dazu.
2. Ihr bekommt nichts dafür, könnt euch aber trotzdem nichts darauf einbilden.
3. Und ihr müßt sie trotzdem tun.

Niemand hat euch zu dieser Aufgabe gezwungen. Ihr habt euch freiwillig gemeldet. Ihr wart euch darüber klar, daß ihr diese Aufgabe übernehmen solltet, damit habt ihr dieses Amt angenommen. Wer aber ein Amt angenommen hat, muß es auch ausführen. Und nun erntet ihr dabei nichts als Ärger. Mit einer anderen Einstellung hättet ihr euch darüber freuen können, daß ihr bei dieser Sache mithelfen könnt. So, wie ihr euch jetzt verhaltet, habt ihr diese Chance vertan." Haben Sie schon einmal einen Hobbygärtner beobachtet, wenn er sein Land umgräbt? Er pfeift, singt und lacht dabei. Was aber tut dagegen ein städtischer Gartenarbeiter? Er schlägt vermutlich meist nur auf die Schippe und knurrt. – In beiden Fällen handelt es sich um dieselbe Sache, die gleiche Arbeit ; aber der eine tut sie aus Freude und der andere gezwungen.

An diesem Punkt, meine ich, könnten wir uns Grundsätze des Neuen Testaments zu eigen machen: Wenn mir etwas ohnehin aufgetragen ist, warum versuche ich dann nicht, es gern zu tun? Mein Wahlspruch lautet: „Wer seine Arbeit liebt, kann sich im Leben viele schöne Stunden machen."

Es ist nicht unbedingt notwendig, daß wir die uns aufgetragenen Pflichten für die angenehmsten halten, die uns der Arbeitsmarkt zu bieten hat. Aber wir können versuchen, ihnen eine positive Seite abzugewinnen. Schließlich sind es die Aufgaben, die uns heute – von Gott – aufgetragen sind. Wenn ich sie mit Wut im Bauch verrichte, wird mir das wenig einbringen. Gelingt es mir jedoch, dabei zu singen und fröhlich zu sein, wird meine tägliche Pflicht nicht zur nervtötenden Mühsal, sondern zur Freude, die meinem Tag einen Sinn gibt.

5. Ich flehe Sie an: Seien Sie freundlich!

1975 haben wir mit der Freizeitarbeit auf Korsika begonnen. Aber es gab manche Schwierigkeiten, weil wir nicht die einzigen Mieter waren.

Als wir dann nach Korsika fliegen wollten, um ein anderes Haus zu mieten, streikten die Angestellten der Fluggesellschaft. Der Graf, dem das Hotel gehört, holte uns in seiner Privatmaschine in Nizza ab. Während des Fluges ging ein Gewitter nieder. Von den Turbulenzen unbeeindruckt, fragte der Graf, ob wir sein Hotel nicht ganzjährig mieten wollten. Da wir nicht aussteigen konnten, haben wir halb zugesagt. Nach der Landung fühlten wir uns keineswegs glücklich. Wie sollten wir 1000 Gäste für Korsika mobilisieren, wo wir bisher gerade 100 bis 200 Freizeitteilnehmer hatten.

Das neue Hotel war komfortabel und teuer. Es bedeutete ein Risiko von einer Million Mark jährlich. Außerdem mußten wir mindestens 100 000,– Mark in erforderliche Umbauten investieren. Ich versichere Ihnen, daß ich in dieser Situation an Ärger keinen Mangel hatte. Ich war völlig am Boden zerstört.

Am letzten Abend hatte ich den Teilnehmern der gerade stattfindenden Freizeit erklärt: Wir brauchen 100 000,– DM, sonst können wir das Haus nicht übernehmen. Wir brauchen diesen Betrag unbedingt für die nötigen Umbauten.

Für den nächsten Morgen war meine Abreise geplant. Ich hatte nicht das Bedürfnis, noch mit irgend jemand zu sprechen. Doch an der Rezeption traf ich auf ein Schweizer Ehepaar, das für mein überstrapaziertes Empfinden so dreinschaute, als wollte es eine Beschwerde loswerden. „O Herr, auch das noch“, dachte ich. „Ich kann nicht mehr. Ich muß weg. Und ich will auch nicht mehr!“

Aber dann bin ich doch auf sie zugegangen und habe „Guten Morgen“ gesagt.

Darauf antwortete die Frau: „Das ist aber gut, daß Sie uns anreden. Wir haben nämlich gestern abend gebetet: Wenn der Herr Müller uns morgen anspricht, dann soll er die 100 000,– DM als Darlehen haben.“ Sie hat es wortwörtlich so gesagt, nur im besten Schwyzerdütsch.

Nach diesem Erlebnis kann ich Sie nur anflehen: „Bitte, seien Sie freundlich; es könnten 100 000,– DM für Sie auf dem Spiel stehen!“

Mich hat das damals nicht mehr gekostet als die Überwindung, „Guten Morgen“ zu sagen. Es stand nachweislich keine Absicht dahinter; denn ich konnte nicht wissen, welche Folgen es haben würde.

Aber ich möchte – mehr: Ich will – freundlich sein. Weil Gott es von mir erwartet, auch ohne daß er mir dafür Gegenleistungen verspricht.

Wenige Tage später besuchte dieses Schweizer Ehepaar unser Büro in Winterthur. Sie stürmten gleich ins Wohnzimmer, und unser Mitarbeiter Peter Sturzenegger befürchtete schon einen Überfall. Aber sie holten lediglich die 1000-Mark-Scheine aus der Tasche. Peter Sturzenegger ist bei dem Anblick fast in Ohnmacht gefallen.

Das ist ein Beispiel. Es bedeutet nicht, daß die Dinge immer so ausgehen müssen. Es wird Ihnen auch durch Freundlichkeit nicht gelingen, allen Ärger zu verhindern. Und oft wird unsere Freundlichkeit von unseren Mitmenschen nicht angenommen.

Lassen Sie sich trotzdem nicht davon abhalten, freundlich zu sein. Es ist nur eine Frage der inneren Einstellung. Wer denkt, wird dankbar. Und wer dankt, wird freundlich. Unfreundlichkeit hängt immer in irgendeiner Weise mit Undankbarkeit zusammen. Aber im Grunde gibt es immer mehr Anlässe, für die wir zu danken haben, als Umstände, für die es sich zu jammern lohnt.

Sie glauben es nicht? Dann schreiben Sie doch einmal auf einen Zettel, wofür Sie Grund haben, dankbar zu sein. Und stellen Sie dieser Liste gegenüber, was Ihnen Anlaß zum Jammern gibt.

Da tut mir ein Finger weh, weil ich mich geschnitten habe; aber die neun übrigen Finger sind heil. Es gibt immer Dinge, die uns das Leben vergällen wollen. Aber wenn wir zusammenzählen, was wir im Verlauf eines Tages an Positivem und Freundlichem erlebt haben, fallen die negativen Dinge oft kaum ins Gewicht.

6. Die größere Dimension von Freundlichkeit

Pfarrer Paul Deitenbeck ist bekannt für die humorvollen Begebenheiten, die er aus seinem Leben erzählt. So berichtete er von einem Mann, der immer dankbar war, was ihm auch passieren mochte. Als er einmal nach dem Gottesdienst in seinem blauen Anzug auf dem Kirchplatz stand, flog eine Taube über ihn hinweg und ließ dabei etwas fallen, was auf dem Revers seines Jacketts in einem handfesten Fleck seinen Niederschlag fand.

Die anderen dachten: Jetzt haben wir ihn! Was aber sagte er? „Gut, daß Kühe keine Flügel haben!"

Wenn sich jemand unter euch für klug und weise hält,

dann muß man das an seiner ganzen
Lebensführung erkennen.
Was er tut, soll von der Freundlichkeit
und Bescheidenheit zeugen,
die einem Weisen ansteht.
Wo Neid und Streit herrschen,
ist Unordnung
und jede Art von Gemeinheit.
Aber die Weisheit von oben hat Teil
an der Vollkommenheit Gottes;
sie ist freundlich, nachgiebig,
zum Frieden bereit.

Jakobusbrief
Kapitel 3, Verse 13, 16 und 17

So einfach ist das also. Es gibt immer noch etwas Schlimmeres, das mir widerfahren könnte. Der eine oder andere mag das als Zweckoptimismus empfinden. Dann hat er nicht erkannt, worum es hier geht.

Ärger hat seine Zeit. Und niemand hat das Recht, Ärger zu bagatellisieren. Er kann einem schon die Haare zu Berge und den Schweiß auf die Stirn treiben.

Aber was ist der Ärger eines Augenblicks wert im Vergleich zu der ewigen Herrlichkeit, die einmal bei Gott auf mich wartet? Und selbst wenn in meinem Leben, das vielleicht 70 Jahre dauert, der Ärger dominiert – in welchem Verhältnis steht das zu den Möglichkeiten, die mir in Gottes neuer Welt zugesagt sind?

Christen sind von Leid und Tod in der Welt, von Krankheit in der eigenen Familie und vielen anderen bedrückenden Erlebnissen nicht ausgenommen. Aber hier geht es ja nicht um oberflächliche Freundlichkeit, die mit ein bißchen Lächeln vortäuschen will, es sei alles gut. Wer durch erfahrenes Leid geläutert wurde, kann sich intensiver freuen. Er weiß, daß die Wahrheit nicht im Keep-smiling, im „immer nur lächeln" liegt.

7. Wer weiß, was wahre Freundlichkeit bedeutet, hat etwas vom Wesen Gottes erfaßt

Wer vordergründig immer gleich Gott für das Übel verantwortlich macht, hat das Nachsehen. Er wird zwangsläufig verkrampft und verbittert. Aber das kann doch nicht bedeuten, daß Menschen, die Leid aus Gottes Hand anzunehmen gelernt haben, als oberflächlich bezeichnet werden?

So einfach löst sich die Formel nicht auf: Je mehr Leid, desto weniger Freude? Je weniger Leid, um so mehr Glück? Nein, sondern: Je größer der Berg, desto tiefer das Tal! Ein richtiger Flachlandtiroler wird nie die Freude begreifen, die einen Bergsteiger erfüllt, wenn er den Gipfel eines Berges erreicht hat. Wer nie Leid erfahren hat, kann sich nicht richtig freuen, weil ihm die Erfahrung des „In dir ist Freude in allem Leide" versagt geblieben ist. Wir Menschen sind so geschaffen, daß wir bestimmte Unterschiede oft nur im Vergleich zu erfassen vermögen. Was ist schön, was ist häßlich? Was ist gut, was nicht? Nur der Vergleich ermöglicht uns darüber ein Urteil.

Aber dazu gehört auch die Erfahrung dessen, der sich ein Urteil anmaßt. Wer durch Leid im eigenen Leben geläutert ist, dessen Freude hat an Naivität verloren; sie ist tiefer geworden. Deshalb besteht keine Veranlassung, sich vor dem Leid zu fürchten. Denn gefragt ist nicht die oberflächliche Freundlichkeit. Ich heule, wenn ich allein bin, mehr, als mancher weiß. Aber das muß ich ja nicht an die große Glocke hängen.

Ich verschließe die Augen vor dem Leid in der Welt nicht. Aber ich weiß auch um die größere Freude bei Gott; und deshalb kann ich mich freuen. Nicht, daß es mir gutgeht, ist der Maßstab meiner Freude, sondern daß Gott mir gut ist. Und das gilt immer und in allen Situationen, die mir widerfahren können.

„Jesus Christus hat wegen der vor ihm liegenden Freude" – so heißt es im Hebräerbrief (Kapitel 12,2) – „das Kreuz erduldet". Es war demnach nicht nur die Liebe zu allen Menschen, die ohne seinen stellvertretenden Versöhnungstod verloren gewesen wären, die sein Handeln bestimmte. Es war auch nicht nur der Gehorsam gegenüber seinem Vater, sondern auch wegen der „vor ihm liegenden Freude" nahm er den Tod am Kreuz auf sich.

Was für eine Kraft muß in solcher Freude liegen! Sie kann auch zur Kraft in unserem Leben werden, die uns manche Schwierigkeiten überwinden hilft: wenn wir uns von ihr bestimmen lassen und etwas von ihr weitergeben. Wenn Gott es nicht für zu gering hält, die „Menschenfreundlichkeit" in Person zu sein – dann kann es doch für uns unter keinen Umständen einen Anlaß geben, nicht „trotzdem" freundlich zu sein.

III. Gastfreundschaft

1. „Seid gastfrei ohne Murren“

Gilt das auch heute noch?

Bei mir waren es die Erlebnisse im Elternhaus, die mich den besonderen Wert der Gastfreundschaft schätzen lehrten. Ich wurde als siebentes Kind in einer zehnköpfigen Familie geboren. Da wurde jedes Essen mit Gästen zu einem Fest, weil es bei den gewöhnlichen Mahlzeiten fast nie für alle reichte.

Mein Vater arbeitete nachts als Bergmann und Lokführer unter Tage. Tagsüber besorgte er als Metzger die Hausschlachtungen in unserer Bergarbeitersiedlung. Wir lebten nicht zuletzt von den Schweinsköpfen, die er mitbrachte. Trotzdem esse ich Schweinskopfsülze heute noch gern.

Am Tage meiner Geburt entstand in meinem Elternhaus eine kleine Evangelisch-Freikirchliche Gemeinde. So ohne weiteres ging das allerdings nicht. Denn mehr als vier Zimmer hatte unser bescheidenes Heim nicht aufzuweisen. Aber ein Mauerdurchbruch in das Nachbarhaus schaffte so etwas wie einen „Saal“. Die Konsequenz war natürlich, daß unsere zehnköpfige Familie mit den verbliebenen drei Zimmern auskommen mußte. Heute könnte man so kaum noch Gäste unterbringen.

An jedem Samstag und Sonntag saßen mindestens zehn Gäste an unserem Küchentisch. So haben wir schon als Kinder erfahren, was Gemeinschaft und Gastfreundschaft bedeutet. Die Folge bestand darin, daß wir als Kinder am darauffolgenden Montagmorgen oft ohne Schulbrot in die öffentliche Lehranstalt entlassen wurden, weil am Vortag alle Vorräte aufgebraucht worden waren. Doch zu Mittag war, wie durch ein Wunder, immer wieder etwas zum Essen da.

Von daher rührt vermutlich meine manchmal kritisierte Freigebigkeit. Denn wir haben nie Mangel gelitten. Irgendwie kam immer wieder von irgendwoher ein Paket. Und auch während der Kriegs- und Nachkriegszeit hat Gott uns wunderbar versorgt.

Als meinem Vater die eigenen Kinder zu groß wurden, brachte er kleine Kinder von der Straße zum Essen mit. Natürlich lud er sie auch zu unserer Sonntagsschule ein, und viele von ihnen haben dadurch entscheidende Impulse für ihr Leben empfangen.

Der Christ und der Genuß

Warum nutzen wir eigentlich unseren natürlichen Lebensbereich, der ja nicht zuletzt aus gemeinsamen Mahlzeiten, Feiern und Hobbies besteht, als missionarische Möglichkeit? Mein Wahlspruch lautete immer: Was andere falsch machen, sollen wir als Christen richtig praktizieren und nicht nur unterlassen. Wenn andere die Einladung von Nachbarn als Aufforderung zu Trinkgelagen verstehen, dann müssen wir ihnen eben zeigen, wie man richtig miteinander essen und feiern kann. Das rechtfertigt nicht Kumpel-, Kegelclub- und Gasthaus-Vereins-Geselligkeit. Aber warum gibt es nicht mehr Mahlzeit- und Feiergemeinschaft in unseren Wohnungen und in unseren Gemeindehäusern?

Damit erhebt sich natürlich sofort die Frage, ob der Christ denn überhaupt zum „Genuß“ berechtigt sei.

In der Bibel wird sie eindeutig mit Ja beantwortet. „Speisen, die Gott geschaffen hat zur Annahme mit Danksagung, für die, welche glauben und die Wahrheit erkennen; denn jedes Geschöpf Gottes ist gut und nichts ist verwerflich, wenn es mit Danksagung genommen wird. Denn es wird geheiligt durch Gottes Wort und Gebet“ (1. Timotheus 3–5).

An diesem Text ist mir aufgegangen, wie wichtig nicht nur das Tischgebet ist, sondern auch die Verpflichtung, im gleichen Zusammenhang Worte aus der Bibel vorzulesen. In unserem Elternhaus wurde es schon praktiziert und uns Kindern gleichzeitig bewußt gemacht: Jeder Genuß einer Mahlzeit ist durch Gottes Wort geheiligt (vgl. Prediger 2,24.26; 2. Timotheus 2,6; 1. Timotheus 6,17.18; Kolosser 2,16–19).

Die Verantwortung des Gastes besteht darin, sich nicht den Magen voll zu schlagen. Das Erntedankfest feiern wir auch heute noch. Und zumindest manche denken daran, wie sehr uns Gott beschenkt hat. Wenn er uns mehr gibt, als wir brauchen, ist es unsere Verantwortung, den Überschuß mit denen zu teilen, die weniger haben als wir. Das gilt heute mehr denn je.

Je mehr ein Gastgeber anbietet, als um so gastfreundlicher gilt er. Selbst Jesus dokumentiert bei der Brotvermehrung seine Gastfreundlichkeit. Obwohl nur geringe Vorräte vorhanden waren, bot er mehr an, als die Menge verzehren konnte. Zwölf Körbe voll behielt man übrig (Lukas 9, 10–17). Es liegt in der Verantwortung der Gäste, was sie aus dem Angebot auswählen. Auch bei der Hochzeit in Kana hatte Jesus zum rechten Zeitpunkt reichlich guten Wein bereitgestellt (Johannes 2,1–11). Die steinernen Wasserkrüge waren bis zum Rand gefüllt. Allerdings wurde der Wein zur damaligen Zeit verdünnt getrunken, im Verhältnis 1 zu 2, oder, bei starkem Wein, im Verhältnis 1 zu 3. Daneben gab es den Weinessig, der verdünnt einen guten Durstlöscher darstellte. Auch Jesus hat man bei der Kreuzigung einen mit Essig getränkten Schwamm angeboten. Er war dazu bestimmt, seinen Durst zu stillen, nicht etwa als Beruhigungs- oder Schmerzmittel.

Die Grenze des Genusses liegt an einer ganz anderen Stelle: „Das Reich Gottes ist nicht essen und trinken, sondern Friede und Freude im heiligen Geist“ (Römer 14,17). Das schließt auch jeden Mißbrauch von Nahrungs- und Genußmitteln aus (vgl. Römer 13,13; Galater 5,19–21).

Bei den israelitischen Festen ergibt sich eine weitere Verbindung zwischen dem Heilshandeln Gottes mit dem Volk und einem irdisch faßbaren Festmahl. Zur Zeit des Neuen Testaments waren im Judentum folgende Feste von besonderer Bedeutung: Zunächst war da das Passah, das in Erinnerung an die Befreiung aus Ägypten gefeiert wurde. Hauptbestandteil der Mahlzeit war ein gekochtes oder gebratenes Schaf- oder Ziegenböckchen. Die Beigaben bestanden aus einer Art bitterem Salat und einem Fruchtmus. Dazu wurden traditionell vier Becher Wein getrunken. Das alles aber war immer wieder unterbrochen durch Bibellesungen und Gebete. Es folgte das Dankfest für die Getreideernte (vgl. 2. Mose 23,16); dabei wurde Opfer aus dem Ernteertrag dargebracht.

Das Fest aller Feste schließlich bildete zum Jahresende (vermutlich im Oktober) das „Laubhüttenfest". Es faßte gewissermaßen den Dank für die Getreideernte mit dem Dank für die Weinlese zusammen und dauerte in der Regel acht Tage (vgl. 3. Mose 23,42). Zum Auftakt gehörte ein Pilgerzug nach Jerusalem. Die Teilnehmer aus allen Teilen des Landes wohnten während dieser Zeit in provisorisch errichteten Hütten aus Ästen und Zweigen. Auch hier kam es zu der – von uns so oft vernachlässigten – Verbindung von Anbetung, Feiern im Tempel, Opfer und gemeinsamen Mahlzeiten. Das ergibt sich schon daraus, daß wesentliche Teile der geopferten Tiere den Festteilnehmern für ihre Mahlzeiten zur Verfügung gestellt wurden.

Auch Hochzeiten konnten in Israel bis zu sieben Tage dauern. Der Freude über die Vermählung des jungen Paares gab man dabei nicht nur in gemeinsamen Mahlzeiten, sondern auch in Gesang, Tanzspielen und Rätseln Ausdruck. Die Frage, die sich daraus ergibt, ist einfach. Sie lautet: Nutzen wir die Feste, die sich im heutigen gesellschaftlichen Zusammenleben ergeben – wie Geburt, Schulentlassung, Eheschließungen und Jubiläen, um mit Menschen in Kontakt zu kommen, die noch keine Christen sind?

Anton Schulte fragt in seinem Buch: „Oh, diese Frommen": „Wer von Ihnen hat im vergangenen Jahr einen Menschen, der noch nicht an Christus glaubt, in seine Wohnung zum Essen eingeladen?" In so mancher Gemeinde besteht die Antwort in verlegenem Schweigen. Etliche Christen sind sogar stolz darauf, daß sie zu den Menschen in ihrer Nachbarschaft keinen Kontakt unterhalten.

Aber die in der Bibel kritisierte „Freundschaft mit der Welt" besteht nicht darin, daß ich meine Nachbarn, den Lehrer meiner Kinder oder jemanden, mit dem ich irgendwo in ein Gespräch über Christus verwickelt wurde, zum Abendessen einlade. So mancher Mensch ist an unserem Eßtisch Christ geworden, auch wenn mir nicht jeder von seinem Wesen her sympathisch war. Mancher hat sich für Christus entschieden, nachdem wir ihn zu einer Tasse Tee oder zum Abendessen eingeladen hatten. Manchmal ergaben sich daraus Gespräche, die bis lang in die Nacht andauerten. Doch dann ging ein neuer Mensch nach Hause: der neu oder zum erstenmal zu Jesus gefunden hatte.

Ein wesentlicher Treffpunkt im Vorfeld jeder missionarischen Veranstaltung sind unsere Wohnungen und Junggesellenbuden, egal, ob diese sich im Keller oder unter dem Dach befinden. Oft ergeben sich hier die besten Gelegenheiten, mit den Menschen über den Glauben an Jesus zu sprechen. Es ist erstaunlich, wie viele dazu bereit sind. Manche leben in erschreckenden Verhältnissen, haben alles durchgemacht, was wir als „Gosse" bezeichnen. Trotzdem sind sie oft erstaunlich aufgeschlossen für ein Gespräch über den Glauben, wenn wir sie zum Essen einladen. Aber wir sind ja so kultiviert, so bürgerlich, daß die anderen gar nicht mehr wissen, ob sie überhaupt noch zu uns passen. Auch das ist eine falsche Form der Absonderung.

Und was machen wir mit den „heidnischen" Festen?

Das Grundproblem besteht darin, daß die meisten christlichen Ursprungs sind; z. B. der Karneval. Unsere Kinder kamen eines Tages aufgeregt aus der Schule: „Die wollen in der Klasse Karneval feiern", erklärten sie, „das ist doch Sünde, da machen wir nicht mit." – Zunächst einmal habe ich mich vorsichtig erkundigt, was denn in der Klasse unter dem Stichwort Karneval vonstatten gehen sollte. Die Antwort: „Wir wollen den Raum schmücken, jeder soll etwas zu essen mitbringen, dann wollen wir Musik hören und tanzen." – Nun blieb mir eine theologische Erklärung nicht erspart. „Paßt mal auf", erklärte ich ihnen: „Kein Mensch geht deshalb verloren, ob er Karneval feiert oder tanzt oder nicht. Sondern einzig und allein, weil er nicht an Jesus Christus glaubt."

Hier verwechseln viele Christen oft Ursache und Wirkung. Nicht weil er sich einer bestimmten Sünde schuldig gemacht hat, wird ein Mensch einmal verlorengehen, sondern weil er nicht an Jesus Christus geglaubt und ihn als seinen Herrn anerkannt hat. Ob er dabei auch Karneval gefeiert und getanzt hat, ist von untergeordneter Bedeutung.

Und meinen Kindern riet ich: „Tut mir einen Gefallen, geht in die Schule und helft mit, den Raum zu schmücken. Und dann denkt ihr euch etwas besonders Schönes zum Essen aus. Unterhaltet euch mit den anderen, hört ein bißchen Musik, und wenn sie zu tanzen anfangen, könnt ihr sagen: ‚Wir wünschen euch noch einen schönen Abend' und kommt nach Hause." – Der Erfolg bestand darin, daß sich drei Mädchen aus der Klasse unserer Tochter für Jesus Christus entschieden. Sie alle kommen aus nicht-christlichen Elternhäusern.

Die Zugereisten

Als wir in das kleine Dorf Helmenzen einzogen, haben wir zunächst einmal alle Nachbarn zum Spießbraten eingeladen. Das gab ein fröhliches Fest. Zum Glück war ich in der Lage, ihnen einige Tricks zu verraten, die mit dem Grillen verbunden sind: z. B. den Kugelgrill oder die indirekte Methode. Da tropft nichts in die Glut, man braucht auch nicht zu drehen oder zu wenden. Wenn man Gäste aus der Nachbarschaft einlädt, muß man ihnen schon etwas Besonderes bieten. Sie sollen sehen, daß auch wir als Christen feiern können, und manchmal besser als sie. Wir haben Diaserien für sie zusammengestellt, die uns möglichen musikalischen Beiträge geleistet und zwanglose Gespräche geführt. Das haben wir im Laufe der Jahre immer wiederholt. Und so sind menschliche Kontakte entstanden.

Viele werden sagen, das sei zuviel Aufwand. Sie bevorzugen die direkte Evangelisationsmethode, bei der eine direkte Aufforderung zur Bekehrung genügt. Wer sich die Mühe macht, einmal nachzulesen, welche großen Vorbereitungen die Gastfreundschaft im Judentum zur Zeit des Neuen Testaments erforderte, wird da vermutlich umdenken lernen.

2. Vom Segen des Tischgebets

Die Segenssprüche (Benediktionen) bei den israelitischen Mahlzeiten.

Hermann L. Strack und Paul Billerbeck haben in ihrem Kommentar zum Neuen Testament aus Talmud und Midrasch die jüdischen Segenssprüche (Benediktionen) vor den Mahlzeiten zusammengestellt. Wer sie in dieser kompakten Form zum erstenmal liest, wird vielleicht ein wenig erschrokken und auch ein wenig beschämt sein.

Nein, natürlich dürfen Gebete bei uns heute nicht mehr so lang sein! Und manches, was da formuliert wird, könnten wir auch sprachlich nicht mehr nachvollziehen. Trotzdem spricht aus diesen Gebeten eine überraschende Fülle an Gottvertrauen und – was vielleicht noch wichtiger ist – die im antiken Judentum noch vorhandene Verbindung zwischen Anbetung und handgreiflicher Danksagung, wie sie sich etwa mit dem Genuß eines Festmahls verbindet. Hier vollzieht sich noch, was wir oft so schmerzlich vermissen: die harmonische Verbindung zwischen Anbetung, Dank und Freude an Gottes Güte.

Unsere oft lustlos gemurmelten Gebete, nicht selten aus Zeitmangel ganz weggelassen, klagen uns plötzlich an. Und wir erkennen mit einemmal: Wir haben in unserer Beziehung zu Gott etwas Wesentliches verloren.

Es geht nicht darum, die alten Formulierungen beizubehalten, uns von den damit verbundenen Gebetszeiten fixieren zu lassen. Es kommt vielmehr darauf an, ein Stück jener Dankbarkeit und jenes Gottvertrauens zurückzugewinnen, das diese Gebete auszeichnet und unseren Gebeten mangelt.

Wir mögen lange Gebete nicht. Das mag zum Teil noch darauf zurückzuführen sein, daß wohlmeinende christliche Väter versucht haben, Tischgebete zu Lehrinstruktionen auszuweiten. Aber der eigentliche Grund ist das nicht. Er liegt vielmehr darin, daß sich die Zeiten geändert haben und damit unser Lebensstil.

Wir haben keine Zeit zum Beten mehr. Morgens müssen wir weg, und abends sind wir zu müde. Deshalb sind wir auch nur gebeten, diese Texte mitzulesen, um zu überlegen, ob sich von ihrem Reichtum nicht das eine oder andere in unser verarmtes Christsein hinüberretten ließe.

(Die folgenden Texte sind sämtlich dem Kommentar zum Neuen Testament aus Talmud und Midrasch von Hermann Strack und Paul Billerbeck entommen.)

Erster Segensspruch (Benediktion) des Tischgebets

„Gepriesen seist du, Jahwe, unser Gott, König der Welt, der die ganze Welt speist durch seine Güte! In Gnade, Liebe und Erbarmen gibt er Brot allem Fleisch, denn seine Gnade währet ewiglich. Nach seiner großen immerwährenden Güte hat er uns nicht mangeln lassen, und möge er uns in Ewigkeit nicht mangeln lassen Speise um seines großen Namens willen. Denn er speist und versorgt alle und erweist Gutes allen und richtet

Speise zu für alle seine Geschöpfe, die er geschaffen hat. Gepriesen seist du, Jahwe, der alle speist!"

Zweiter Segensspruch (Benediktion)

„Wir danken dir, Jahwe, unserem Gott, daß du unseren Vätern als Erbteil gegeben hast das liebwerte, gute und weite Land (Israel), daß du uns, Jahwe, unser Gott, aus dem Lande Ägypten herausgeführt und aus der Knechtschaft erlöst hast. Wir danken dir für deinen Bund, den du an unserem Fleisch (durch die Beschneidung) besiegelt hast, für deine Gebote, die du uns gelehrt, für deine Satzungen, die du uns kundgetan hast, für das Leben, die Huld und die Liebe, mit denen du uns begnadigt hast, und für den Genuß der Speise, mit der du uns speist und versorgst, beständig an jedem Tag, und zu jeder Zeit und zu jeder Stunde. Für das alles danken wir dir, Jahwe, unser Gott, und preisen dich. Gepriesen werde dein Name vom Munde alles Lebenden immerfort in alle Ewigkeit, wie geschrieben steht: Wenn du gegessen hast und satt bist, so preise Jahwe deinen Gott, für das gute Land, das er dir gegeben hat (5. Mose 8,10). Gepriesen seist du, Jahwe, für das Land und für die Speise!"

Dritter Segenswunsch (Benediktion)

„Erbarme dich, Jahwe, unser Gott, über Israel, dein Volk, über Jerusalem, deine Stadt, über Zion, die Wohnung deiner Herrlichkeit, über das Königtum des Hauses David, über welchem dein Name genannt ist. Unser Gott, unser Vater, weide uns, speise uns, versorge uns, ernähre uns und schaffe uns weiten Raum, ja schaffe uns weiten Raum eilends aus allen unsren Bedrängnissen! Laß uns nicht genötigt sein, Jahwe, unser Gott, weder der Gaben der Menschen, noch ihres Darlehens, sondern allein deiner vollen und offenen und heiligen und weiten

Hand, damit wir nicht zuschanden und beschämt werden in alle Ewigkeit. Baue Jerusalem, die heilige Stadt, eilends in unseren Tagen! Gepriesen seist du, Jahwe, der Jerusalem baut in seiner Barmherzigkeit. Amen!"

Vierter Segensspruch (Benediktion)

Gepriesen seist du, Jahwe, unser Gott, König der Welt, Gott, unser Vater, unser König, unser Starker (Herrlicher . . .), unser Schöpfer, unser Erlöser, unser Bildner, unser Heiliger, der Heilige Jakobs, unser Hirte, der Hirte Israels, der König, der Gute, der Gutes erweist jedermann. Denn an jedem Tag hat er uns Gutes getan, tut er uns Gutes, wird er uns Gutes tun. Er hat uns zuteil werden lassen, er läßt uns zuteil werden, er wird uns zuteil werden lassen immerdar Gnade und Liebe und Erbarmen und Freiheit und Leben und Frieden und alles Gute, und von allem Guten wird er uns nichts mangeln lassen. Der Barmherzige, er sei gepriesen im Himmel und auf Erden! Der Barmherzige, er sei gelobt in allen Geschlechtern und gerühmt durch uns immerdar und verherrlicht durch uns in alle Ewigkeiten! Der Barmherzige, er versorge uns im Überfluß. Der Barmherzige, er zerbreche unser Joch auf unserem Halse und er führe uns in aufrechter Haltung in unser Land. Der Barmherzige, er sende Segen in Menge in dieses Haus und auf diesen Tisch, an dem wir gegessen haben. Der Barmherzige, er sende uns den Propheten Elias, sein Gedächtnis sei zum Guten, daß er uns frohe Botschaft bringe, Hilfe und Trost. Der Barmherzige, er segne (meinen Vater) meinen Gebieter, den Herrn dieses Hauses, und (meine Mutter) meine Gebieterin, die Herrin dieses Hauses, sie und ihr Haus und ihre Nachkommen und alles, was sie haben, und alles, was wir haben. Gleich wie unsere Väter, Abraham, Isaak und Jakob gesegnet worden sind mit allem, von allem und in bezug auf alles, so möge er uns alle zusammen segnen mit vollkommenem Segen; und wir wollen sagen: Amen! Im Himmel möge man für sie und uns Verdienstliches geltend machen, daß es diene zur Wahrung des Friedens (der Eintracht), und daß wir Segen hinnehmen von Jahwe und Barmherzigkeit von dem Gott unsrer Hilfe, und daß wir Gnade und feinen Verstand gewinnen in den Augen Gottes und der Menschen (vgl. Sprüche 3,4). Der Barmherzige, er würdige uns der Tage des Messias und des Lebens der zukünftigen Welt, das da groß macht das Heil seines Königs und der Gnade erweist seinem Gesalbten, dem David, und seinem Samen in Ewigkeit. Der da Frieden macht in seinen Himmelshöhen, er schaffe Frieden über uns und ganz Israel.

So sprechet: Amen!“

Anmerkung: Aus dem Text geht klar hervor, zu welcher Zeit er entstanden ist. Es geht um das Vertrauen zu Gott, nicht um Umwelt oder Umverteilungsprobleme. Aber es wäre ja durchaus denkbar, daß sich Gebete hungernder Christen in der Dritten Welt von den hier wiedergegebenen gar nicht so grundsätzlich unterscheiden.

3. Gastfreundschaft und Feste im antiken Israel

Ein altjüdisches Gastmahl

Hermann L. Strack und Paul Billerbeck beschreiben in ihrem Kommentar zum Neuen Testament aus Talmud und Midrasch (einer Sammlung von Lehrgesprächen über das richtige Verständnis des Gesetzes und des entsprechenden Verhaltens) in den Anmerkungen zu Lukas 14,1, wie sich das vermutlich abgespielt hat (S. 611 ff.).

a) Die Einladung der Gäste

Meist wird die Einladung durch einen Diener erfolgt sein. Bevor der Gastgeber sie ergehen ließ, mußte er darauf achten, daß die Geladenen zueinander paßten. Das war nicht immer einfach. Außerdem galt es, die richtige Sitzordnung herauszufinden.

b) Die Zubereitung des Mahles

In der Regel lag die Herstellung der Gerichte in erster Linie in den sachkundigen Händen des Hauspersonals des Gastgebers. Doch schon in Jerusalem soll es üblich gewesen sein, die gesamte Vorbereitung des Gastmahls einem Unternehmer zu übertragen; das konnte aus bis zu 24 Gerichten bestehen. Sogar von einer Mahlzeit mit 80 Schüsseln ist einmal die Rede.

Kernstück jedes Gastmahls war das Brot. Die Formulierung „das Brot brechen" bedeutete soviel wie eine Mahlzeit halten oder eröffnen. Das Hauptgericht bestand in der Regel aus Fleisch und Fisch. Der Wein, der nicht fehlen durfte, wurde erst während der Mahlzeit (aus Wasser und Wein) gemischt, so daß jeder es kontrollieren konnte. Bei größeren Festen wurde ein besonderer Weinmischer engagiert. Bekannt ist der Mundschenk aus der Joseph-Geschichte. Er preßte übrigens auch frische Trauben mit eigener Hand in ein Glas.

c) Der Empfang der Gäste

Zur festgesetzten Zeit, meist in den späten Nachmittagsstunden, begaben sich die Geladenen in das Haus des Gastgebers. Voraussetzung war eine entsprechende Pflege ihres Körpers. Es heißt: „Wer zu einem ordentlichen Mahl gehen will, der gehe zuvor zehnmal vier Ellen und entleere sich, dann gehe er hin."

Zu einem guten Gästehaus gehörte in Israel auch eine entsprechende Toilettenanlage. Einmal kamen wir verspätet von einem Ausflug zurück und mußten uns beeilen, termingerecht zum Essen zu kommen. Da mahnte uns der Führer: „Nicht nur die Hände waschen, sondern auch Toilette machen; denn man soll den Ofen nicht über seiner Asche heizen, sondern erst die Asche entfernen."

Zur Vorbereitung auf eine solche Einladung gehörte natürlich auch, daß man sich entsprechend festlich kleidete und festlichen Schmuck trug; die Männer ihre Gebetsriemen, wie man sie in der Synagoge und an der Klagemauer in Jerusalem auch heute noch sehen kann. Kannte der mit dem Empfang beauftragte Diener die Geladenen nicht persönlich, ließ er sich manchmal die Einladungen vorlegen, um etwaige ungeladene Gäste, die sich bei großen Gastmählern nicht selten einschleichen wollten, von vornherein fern zu halten.

Als Regel gilt dabei das Wort „Schammais" (um 30 v. Chr.): „Empfange jeden Menschen mit einem freundlichen Gesicht."

d) Die Vorspeise

In der Regel bestand ein Gastmahl aus drei Teilen: einer Vorspeise, dem Hauptgericht und dem Nachtisch.

Die Vorspeise wurde in einem Vorzimmer serviert, nicht im eigentlichen Speisesaal. Die Gäste saßen dabei auf Stühlen und Polstern, während sie nachher, bei der Hauptmahlzeit, zu Tische lagen. Zunächst brachten Diener Gefäße mit Wasser, mit denen jeder Gast eine Hand, vermutlich die rechte, abspülen konnte. Daraufhin erhielt er einen Becher mit Wein, über den jeder für sich, bevor er trank, den Lobspruch sprach: „Gepriesen seist du, Jahwe, unser Gott, König der Welt, der die Frucht des Weinstocks schafft." Dieses Lob konnte nur einzeln gesprochen werden, weil noch nicht alle Gäste versammelt waren. Es läßt sich mit einem heutigen Empfang vergleichen, bei dem immer noch Gäste eintreffen und man zunächst einen Aperitif zu sich nimmt. Um den Appetit anzuregen, gab es dazu Grünkraut und eingelegte Fische.

e) Die Überführung der Gäste in den Speisesaal

Von da an konnte kein Gast mehr hinzukommen. Für die Größe des Speisesaals hatte die Mischna eine Fläche von rund 23 qm festgelegt. Das entspricht ziemlich genau dem kleinsten Appartment-Typ in der Residence Pinea. Sie werden gewiß verstehen, daß ich glücklich bin, daß unsere Räume den Vorschriften der Mischna weitgehend entsprechen. Daß man gleichzeitig auch darin schlafen kann und sich ein Badezimmer darin befindet, kann ihren Wert nicht schmälern.

Tische, wie wir sie heute kennen, gab es damals noch nicht. Man aß auf einer Matte auf dem Fußboden. Die Tische waren also entsprechend niedriger. Es gab auch Platten mit schüsselförmigen Vertiefungen. Man lag auf der linken Seite und aß mit der rechten Hand, natürlich mit den Fingern. Auch für den König Salomo gab es da keine Ausnahme. Nur daß er seine Hände anschließend in goldenen Schüsseln abwaschen konnte. Die „Liegeordnung" auf diesen meist kostbaren Speisepolstern war genau festgelegt. Dem Vornehmsten gebührte der Platz auf den mittleren Polstern. Die übrigen lagen hinter ihm, gewissermaßen an seiner Brust. Die Polster waren so angeordnet, daß man im Dreieck zusammensaß. (Vgl. Johannes 13,25 wo es heißt, daß Johannes „bei der Mahlzeit an der Brust Jesu lag".) Das war keine Besonderheit; alle Essen waren in dieser Weise arrangiert.

f) Das eigentliche Festmahl

Nachdem alle auf den Speisepolstern Platz genommen hatten, wurden die Gebetsriemen abgelegt und die Gurte gelockert. Diener trugen für jeden einzelnen Gast ein Eßtischchen herbei, andere mischten Wein und setzten den Gästen den ersten Becher vor. Wieder andere brachten Gefäße mit Wasser, um damit das Abspülen der Hände vorzubereiten. Man nannte dies das „erste Wasser" (das Abspülen der einen Hand während des Vorgerichts wurde nicht mitgezählt)! Danach gab es unzählige Vorschriften, wie man sich während des Mahls zu verhalten hatte. Sobald das Abspülen der Hände – nach palästinensischer Anschauung der Anfang des Mahls – beendet war, richtete sich der Gastgeber auf seinem Polster auf, nahm in sitzender Haltung das vor ihm liegende Brot in die Hand und sprach darüber den Lobspruch: „Gepriesen sei Jahwe, unser Gott, der König der Welt, der Brot aus der Erde hervorgehen läßt." Die Gäste antworteten mit „Amen". Danach brach der Gastgeber das

Bort und reichte jedem Geladenen davon. Dann aß er als erster davon. Nun nahm er sich wiederum als erster, mit einem Stück Brot, das als Eßwerkzeug diente, seinen Anteil. Die Gäste folgten seinem Beispiel.

Auch zu dem ersten Becher Wein, der gereicht wurde, gehörte der Lobspruch: „Gepriesen sei der Herr ... der die Frucht des Weinstocks schafft." Im allgemeinen wurde während des Mahls nur wenig getrunken. Das eigentliche Trinkgelage begann erst nach Aufhebung der Tafel. Der Lobspruch „Gepriesen sei der Herr" wurde jedesmal wiederholt, wenn ein neues Gericht aufgetragen wurde, seien es nun Fleisch, Fisch oder Eier gewesen. Und jedesmal wurde der Spruch dem Gericht entsprechend abgewandelt. Wie muß man damals, während des Essens, Gott gelobt haben! Unsere kärglichen Tischgebete wirken dagegen wie ein erbärmlicher Abklatsch.

g) Die Aufhebung der Tafel

Solange Brotstücke, die als Löffel und Gabel dienten, auf den Tischen lagen, wußte jeder, daß mindestens noch ein weiteres Gericht zu erwarten war. (Ähnlich den Teelöffeln, die wir als „kleine Propheten" bezeichnen, weil sie ankündigen, daß noch mit Nachtisch zu rechnen ist.)

Wurden die Brotstücke jedoch entfernt und ein ganzes Brot und Hülsenfrüchte aufgetragen, war dies ein sicheres Zeichen dafür, daß das Mahl seinem Ende entgegen ging. Danach wurden noch Nüsse, Rosinen und geröstete Körner gereicht, „Knabbersachen", wie sie bei uns heute noch üblich sind.

h) Das Dankgebet

Zum Sprechen des Dankgebets forderte der Gastgeber in der Regel den Vornehmsten unter seinen Gästen auf. Er hatte eine lange, vorgeschriebene Reihe von Gebeten zu verrichten. Danach ergriff er den auf seinem Eßtisch stehenden „Becher des Segens" (vgl. 1, Korinther 10,16) zunächst mit beiden Händen, nahm ihn dann in seine rechte Hand, hob ihn eine handbreit über seinen Tisch und sprach, die Augen fest auf den Becher gerichtet, das vierte Tischgebet (s. S. 74).

i) Das Räucherwerk

Um den Speisesaal anschließend von den Gerüchen des Essens zu befreien und mit Wohlgeruch zu erfüllen, wurde gern Räucherwerk angezündet. Dann wurde Wein gereicht. Als Nachtisch gab es dazu geröstete Körner und Süßigkeiten. Als Ausgleich für die verschiedenen Süßigkeiten fehlten auch eingelegte Fische nicht. Selbst von Trauben und Pilzen ist die Rede, die als Nachtisch aufgetragen wurden. Auch diese Nahrungsmittel erforderten vor und nach ihrem Genuß den Lobspruch auf Gott.

j) Musik und Wein

Schon Aristoteles erwähnt neben der läuternden und erzieherischen Bedeutung der Musik zum erstenmal ihren Wert als Entspannungsfaktor. Bei den israelitischen Festen spielte die Musik eine wichtige Rolle, und zwar vermutlich im Blick auf alle drei von Aristoteles erwähnten Funktionen. „Die festliche Entspannung wendet den Geist von den Verdrießlichkeiten des menschlichen Lebens ab und richtet ihn auf das Göttliche.“

Erst danach gab man sich dem Weingenuß hin. Allerdings mit einigen Regeln, die auch heute noch bemerkenswert erscheinen: 1. Wer einen Becher auf einmal austrinkt, siehe, der ist gierig, ein Schlemmer. – 2. Wer zwei Züge benötigt, der hat Lebensart. – 3. Wer drei Züge benötigt, um seinen Becher zu leeren, ist hochmütig, ein affektierter Mensch.

„Wer ißt, ohne vier Ellen weit zu gehen, dessen Speise geht in Fäulnis über, und das ist der Anfang des üblen Mundgeruchs.“ Auch darüber machte man sich Gedanken, lange bevor Kukident und Odol erfunden wurden. Heute sagen wir: „Nach dem Essen sollst du ruhn oder tausend Schritte tun.“ Der Satz könnte genausogut aus der damaligen Zeit stammen.

„Wer seine genossene Speise im Wasser schwimmen läßt, über den haben Unterleibskrankheiten keine Gewalt.“ Der Prophet Elia gab Nathan den Rat: „Iß ein Drittel, trink ein Drittel und laß ein Drittel in deinem Magen frei." Auch diese Regel scheint für unsere heutigen Festessen durchaus bemerkenswert. Schon damals sagte man: „Wenn dir ein Mahl am besten schmeckt, ziehe deine Hand davon ab." – „Drei Dinge schwächen den Körper des Menschen: Im Stehen essen, im Stehen trinken und im Stehen schlafen."

Auch bei der Vorbereitung des Passahmahls mußten strenge Regeln befolgt werden. Jesus hat es zum Abschied mit seinen Jüngern gefeiert. Damit hat er profane Dinge wie Brot und Wein zu entscheidenden Elementen jener Festmahlzeit erhoben, die uns an sein Leiden und Sterben erinnern sollen. Und er hat zugesagt, daß wir diese Mahlzeit in der neuen Welt Gottes gemeinsam mit ihm feiern werden.

Das Laubhüttenfest

Eines der schönsten jüdischen Feste ist für mich das Laubhüttenfest. Es ist wohl das größte und auch das heiligste und größte bei den Hebräern. Man wohnte in kunstvoll aus Zweigen geflochtenen Hütten, in Erinnerung an die Wunder Gottes beim Auszug aus Ägypten und während der Wüstenwanderung.

Einmal habe ich (im Rahmen der Kinderlandverschickung) einen bescheidenen Auszug davon miterlebt. An der Grenze in Kiefersfelden wurde ein ganzer Eisenbahnzug mit Juden gestoppt. Sie wurden zum Aussteigen gezwungen und mußten monatelang in Laubhütten leben. Ich erinnere mich noch daran, wie schnell und geschickt sie diese errichtet haben. Vorzimmer, Schlafzimmer, Wohnzimmer – nichts fehlte. Allerdings haben sie wesentlich länger als sieben Tage darin wohnen müssen. Als sie endlich weiterfahren durften, haben wir das Lager niedergebrannt.

Im übrigen hatten beim Laubhüttenfest auch die Blumen ihren festen Platz; es gab einen besonderen Feststrauß, der aus Pampelmusen, einem Palmwedel, Myrten- und Weidenzweigen bestand. Auch er galt als Symbol dafür, daß Gott – in seiner Größe und Güte – ein Gott zum Anfassen ist. Man sang dazu den Lobspruch: „Gepriesen seist du, Jahwe, unser Gott, König der Welt, der uns geheiligt hat durch seine Gebote und die Annahme des Feststraußes befohlen hat.“ Der Feststrauß war Sieges- und Dankeszeichen, sowie Symbol Gottes und Israels zugleich.

Abgeschlossen wurde das Fest mit der sog. „Wasserspende“. Sie geht auf das Wort des Propheten Jesaja zurück: „Ihr werdet mit Freuden Wasser schöpfen aus den Heilsbrunnen“ (Jesaja 12,3). Wir heute wissen ja gar nicht mehr – oder angesichts der immer mehr um sich greifenden Umweltverschmutzung wird neu deutlich, wie kostbar sauberes Trinkwasser ist. Mit der „Wasserspende“ war eine Reihe von Freudenveranstaltungen verbunden, vor allem nach Beendigung des ersten Tages und in den folgenden Nächten. Ein unbekannter Zeitgenosse hat geschrieben: „Wer die Freude des Wasserschöpfens nicht miterlebt hat, hat nie erfahren, was wirkliche Freude bedeutet.“

Es würde sich lohnen, weiter darüber nachzudenken, wie die Israeliten ihre Gastfreunde behandelten und ihre Feste feierten. Eigentlich verwundert es, daß es im evangelikalen Raum darüber noch keine theologische Studie oder, besser, ein allgemein verständliches Buch gibt.

4. Gastfreundschaft als missionarische Möglichkeit

Sie soll in zwei Abschnitten dargestellt werden:

Erstens an der Handlungsweise von Jesus selbst.

Zweitens an der Bedeutung der Gastfreundschaft bei Paulus, in der Kirchengeschichte, bis zu den missionarischen Möglichkeiten von Gastfreundschaft heute.

Die Bedeutung der Gastfreundschaft bei Jesus

Im „Theologischen Wörterbuch zum Neuen Testament“ v. G. Kittel wird ein großer Teil der öffentlichen Wirksamkeit von Christus der „Gastfreundschaft, die Jesus Christus gegenüber geübt wurde“ zugeschrieben. (s. Markus 1,29; Markus 2,15 ff.; 14,3 ff.).

Verkündigung des Reiches Gottes geschieht also auch bei und nach Tisch, als natürlicher Ausdruck des Glaubens beim Tischgespräch. Die Frage, wer der Gastgeber war, ist in diesem Zusammenhang von untergeordneter Bedeutung. Typisches Beispiel für eine gute Tat, die nicht finanziellem Kalkül entsprang, ist die Salbung von Jesus durch eine Sünderin (Lukas 7,36). In der Art, wie sie Jesus begegnet, wird jedenfalls etwas von jener Großzügigkeit erkennbar. Und Jesus verneint sie nicht und weist sie auch nicht zurück.

Viele Reden von Jesus sind Tischreden gewesen. Vermutlich würde uns manches fehlen, wenn es diese Gelegenheiten nicht gegeben hätte. Jesus hat sich von den jüdischen Gastmählern nicht distanziert, obwohl er manchmal Grund dazu gehabt hätte.

An den Brauch der „Wasserspende“ knüpfte Jesus an, als er beim Laubhüttenfest jedem Glaubenden die Gabe des lebendigen Wassers verhieß (Johannes 7,37.38).

Schon bei der Speisung der 5000 hatte sich Jesus – wenn auch unter anderen Umständen und vielleicht zum Teil aus anderen Gründen – als Gastgeber erwiesen, dem daran lag, daß niemand Mangel leiden mußte. Obwohl nur wenige Brote und Fische zur Verfügung standen, blieben schließlich 12 Körbe mit Essensresten übrig. Jesus verstand auch etwas vom Fischebraten. Als die Jünger nach seiner Auferstehung vom Fischen auf dem See Tiberias zurückkehrten, empfing sie Jesus an einem Feuer, über dem mehrere Fische brieten. Manche Christen wollen einfach nicht glauben, daß er bei der Hochzeit zu Kana den besten Wein reservieren ließ, und andere machen sich noch heute im stillen den Vorwurf der Pharisäer zu eigen: „Siehe, er ißt mit Zöllnern und Sündern.“

Jesus lud schließlich nicht nur zum Essen ein, er nahm auch Gastfreundschaft an. Bei Maria, Martha und Lazarus in Bethanien war er praktisch wie zu Hause. Bei der Beurteilung der beiden Schwestern sollten wir uns deshalb zurückhalten. Es war ihr Haus, sie bildeten eine Einheit und teilten entsprechend die Aufgaben ein. Beides war wichtig: Die Versorgung der Gäste mit den üblichen Mahlzeiten, die viel Hausarbeit mit sich brachte, die niemand sah – ebenso das Zuhören und das Erkennen des Wesentlichen. Wenn wir heute miteinander essen, spielt das Lob Gottes praktisch kaum noch eine Rolle. Die Folge ist, daß wir über das Wetter und nicht über das Evangelium reden.

Die Bedeutung der Gastfreundschaft bei Paulus

Wieder heißt es im Theologischen Wörterbuch von Kittel: „Geschichtlich am wichtigsten wurde aber wohl die Begründung, daß Gastfreundschaft Dienst am Evangelium ist. Das Evangelium als mündliches Wort wurde getragen von den wandernden Boten der Vorchristenheit, und diese wiederum von der Gastfreundlichkeit der Brüder. Darauf gründete Jesus die Sendung seiner Jünger (Matthäus 10,11 ff.; Lukas 10,15 ff.) und hier hat auch die Missionsarbeit der Apostel ihre Basis (Apg. 10,6.18.32.48; 16,15.34; 17,7; 18,2; 1. Korinther 16,19; Römer 16,23)."

Gastfreundschaft wurde vor allem Aposteln und Missionaren gewährt. Dadurch kam es häufig zu Taufen ganzer Familien, ja sogar zur Bildung der für das Urchristentum charakteristischen Hausgemeinden. Die Entstehung einer solchen Hausgemeinde im Haus von Priscilla und Aquilla (Römer 16,4) geht eindeutig auf einen Besuch des Paulus zurück. Ähnliches dürfte für die Christen im Haus des Philemon gelten (Philemon 2). Sicher war das Ausmaß praktizierter Gastfreundschaft damals ein wesentliches Kriterium bei der Unterscheidung von Christen und Nicht-Christen. Dabei galt natürlich für die Juden-

Christen die Tradition hebräischer Gastfreundschaft als Vorbild.

Die ersten Christen waren viel und oft zusammen (Apostelgeschichte 2,42 ff.). Gemeinsam ließen sie sich von den Aposteln in der christlichen Lehre unterweisen. Sie suchten die Gemeinschaft miteinander: im Brotbrechen und im gemeinsamen Gebet. Wie wichtig die Gastfreundschaft für sie war, zeigt sich besonders an Stephanus. Er mußte ein Mann voll heiligen Geistes sein, nur um als Diakon beim gemeinsamen Essen die Schüsseln auftragen zu dürfen. – Wenn wir bereit wären, unsere Häuser, Wohnungen und Terminpläne für diese Art urchristlicher Gastfreundschaft zu öffnen, würde sich vermutlich manche missionarische Möglichkeit ergeben, von der wir zwar träumen, die wir unter den gegebenen Umständen aber nicht verwirklichen können.

Die Agape-Feier

In der frühen Christenheit war das Abendmahl (die Eucharistie) oft mit der Abendmahlzeit verbunden.

(Realenzyklopädie für protestantische Theologie und Kirche, Stichwort ‚Agape'.) Daraus erklärt sich die Forderung des Paulus (1. Korinther 11,23–29; 1. Kor. 10,3 f. 16 f.), daß man beim Empfang des Abendmahlkelchs nüchtern zu sein habe. Bei Tertullian, dem ersten großen christlichen Autor, der in lateinischer Sprache schrieb und überwiegend in Karthago lebte, findet sich kein Hinweis auf eine Verbindung zwischen den Agape-Feiern (Liebesmahl, Abendessen) mit dem Abendmahl. Aber er betont die Wichtigkeit der Schriftlesung. In der ersten Hälfte des zweiten Jahrhunderts kam es zu einer stärkeren Trennung zwischen Eucharistie (Abendmahl) und Agape-Feier (Liebesmahl, Abendmahlzeit). Aus einem Briefwechsel zwischen Kaiser Trajan und Plinius, dem Statthalter von Bithynien, erfahren wir, daß sich die Christen am Sonntag vor Sonnenaufgang zu einem öffentlichen Gottesdienst trafen. Sie teilten dabei das „Heilige

Mahl“ unter sich. Es scheint, daß von da an Liebesmahl und Abendmahl voneinander getrennt wurden. („Eucharistie“ ist das griechische Wort für Danksagung, das speziell für das große Dankgebet bei der Feier des Abendmahls angewendet und von daher zur Bezeichnung für die Mahlfeier selbst wurde.)

Gastfreundschaft in der Kirchengeschichte

Die Verletzung der Gastfreundschaft galt als höchster Frevel. „Man reichte dem Gast Wasser für die Füße (Lukas 7,44), bewirtete ihn, nahm ihn in Schutz“ (1. Mose 19,7 ff.). Manchmal wurden Gäste von Sklaven empfangen (Matthäus 22,3 f.). Nachdem die Füße gewaschen waren und das Haupt gesalbt, erhielten sie einen „Ehrenplatz bei Tisch“. „Gewöhnlich wurden ihnen die besten Stücke und mehrere Portionen vorgelegt“ (1. Mose 24,32). Die Gastfreundschaft erstreckte sich auch auf Nicht-Christen. Sie beinhaltete Wohnung, freie Verpflegung und den Ehrenplatz am Tisch. Die private, wie auch die von der Gemeinde geübte Gastfreundschaft nahm zu jener Zeit große Ausmaße an. Bereits damals bauten die Gemeinden Gästehäuser, um dieser Aufgabe gerecht werden zu können.

Gastfreundschaft in Familie und Gemeinde

Die Aufforderung zur Gastfreundschaft galt allen Christen (1. Timotheus 3,2; Titus 1,8; 1. Timotheus 5,10). Dabei dachte man damals wohl vor allem an die traditionelle altjüdische Gastfreundschaft (s. „Ein jüdisches Gastmahl“). Besonders die Gemeindeältesten sollten sich für solche Aufgaben freihalten; denn auch auf diese Weise wird Gemeinde gebaut (3. Johannes 8).

Gastfreundlich zu sein, ist nicht jedermanns Sache. Aber man kann sie einüben (Römer 12,13.14) und auf diese Weise auch seine Feinde segnen (Matthäus 5,43–48). Christus selbst wird beim großen Völkergericht (Matthäus 25,36–41) das Befolgen der Gastfreundschaft zu einem wesentlichen Kriterium seines Urteils machen. Dabei geht es dann nicht um Prominente, um deren Gunst sich ohnehin jeder bewarb, sondern um die schlichten Christen, die auf das gleiche Recht Anspruch hatten.

Die Gastfreundschaft wird auf jeden Menschen ausgedehnt. Im Gast wird Jesus und zugleich der sendende Vater aufgenommen. In Korinth kam man dieser Aufforderung großzügig nach. Clemens von Rom, dort vermutlich einmal Bischof, rühmt in einem offenen Brief an die Korinther die „großartige Weise ihrer Gastlichkeit“. Chrysostomos, zum Teil wider Willen Bischof von Konstantinopel, berichtet, die Gemeinde von Antiochia habe täglich 3000 Witwen, Fremde und Kranke betreut, sie mit Kleidung und Nahrungsmitteln versorgt.

Die Befolgung der Gastfreundschaft gilt vor allem bei Bischöfen als Ausweis, daß sie für die ihnen anvertrauten Gemeindeämter geeignet sind; und den Witwen diente sie als Anerkennung. Von Essensempfängen in Bonn ist immer wieder die Rede, egal ob sie vom Bundeskanzler, vom Bundespräsidenten oder von der Opposition veranstaltet werden. Nur von entsprechenden Empfängen der Kirche hört man so gut wie nichts. Warum verzichten wir eigentlich darauf? Jeder Presseclub und jeder Verband, der etwas von sich hält, machen davon Gebrauch.

Im Blick auf die Gastfreundschaft gibt es keine Unterschiede mehr. In Christus sind die Schranken zwischen Christen und Juden gefallen. Gerade in Verfolgungszeiten, in denen etwa der Hebräerbrief und der erste Petrusbrief geschrieben wurden, war die Gastfreundschaft gegenüber Flüchtenden und Vertriebenen von lebenswichtiger Bedeutung. Auch in Friedenszeiten wurde sie von reisenden Glaubensgenossen beansprucht; und wer kam, dem sollte sie auch gewährt werden.

Es gehört zum Bild des neutestamentlichen Christen, daß er bereit ist, Gastfreundschaft zu üben, und zwar mit persönlichem

Einsatz (Römer 12,13) und fröhlich (1. Petrus 4,9), ohne dafür Lohn zu erwarten.

Selbst ein Beduine gewährt seinem Todfeind Gastfreundschaft. Flieht er allerdings aus seinem Zelt, schlägt er ihn tot. Haben wir den Menschen nicht eine bessere Gastfreundschaft anzubieten, die über die Flucht aus dem eigenen Zelt hinausreicht?

Etliche von ihnen haben Engel beherbergt

Natürlich kehren in christlichen Gästehäusern nicht nur Engel ein. Aber darum geht es an dieser Stelle nicht. Bei Abraham und Lot (1. Mose 18,5.6) tauchten eines Tages unvermutet drei Männer auf. Abraham bot ihnen Brot zur Stärkung an. Und sie antworteten: „Tu, wie du gesagt hast." Da eilte Abraham ins Zelt und sagte Sara: „Eile und menge drei Maß feinstes Mehl, knete und backe Kuchen." Dazu wurde ein gemästetes Kalb geschlachtet, zubereitet und aufgetragen.

Soviel Zeit für Gastfreundschaft hat heute niemand mehr. Die Vorbereitungen würden mindestens einen halben Tag in Anspruch nehmen. Heute kommen unsere Gäste und wollen möglichst innerhalb von zehn Minuten essen. Wenn es elf Minuten dauert, werden sie oft schon ungeduldig. Dann hilft es wenig, wenn man, wie Abraham, die Seiten des Zeltes nach allen Seiten öffnet.

Margret Huck faßt diesen Ausschnitt israelitischer Geschichte zusammen:

„Bei Abraham und Sara, die damals unter den mächtigen Eichen von Mamre wohnten, waren eines Mittags drei unbekannte Männer eingekehrt. Das bedeutete, daß Sara ihre beste Eßmatte ausbreiten und eigens frisches Brot backen mußte. Die Regeln aramäischer Gastfreundschaft verlangten, daß ein Fremder, gleichgültig ob Königssohn oder Knecht, ebenso höflich empfangen wurde wie ein langjähriger Freund. Er hatte Anspruch auf einen Ruheplatz im Schatten, Wasser und Brot.

Vielleicht sogar auf ein Stück Fleisch; Abraham zögerte jedenfalls nicht, für seine Gäste ein Mastkalb zu schlachten und neben dem Wasser auch Milch und Joghurt aufzutragen.

Doch was wirklich zählte, war das Brot. Mit einem Fremden Brot teilen, hieß, ihn zum Freund machen. Sein Brot mit einem Unbekannten zu brechen, war das höchte Zeichen von Gastfreundschaft. Von Brot ist im AT mehr als 200mal die Rede. Oft gilt es als Symbol für Speise schlechthin. Als Hauptnahrungsmittel wurde es anfänglich aus Gerste, später aus Weizen hergestellt. Mit Sauerteig vermengt und zu runden Fladen geformt, ließ man den Teig in glühender Asche oder auf heißen Steinplatten bräunen. Bei Hesekiel ist von einem Mischbrot aus Weizen, Gerste, Bohnen, Linsen, Hirse und Spelt die Rede. Das Backen gehörte in der Regel zu den Obliegenheiten der Hausfrau und wurde am frühen Morgen erledigt. Zugleich war Bakken aber auch Männertätigkeit. Aus dem Bericht über Pharao und Joseph wissen wir, daß der erstere einen Oberhofbäcker beschäftigte. Zur Zeit Jeremias gab es in Jerusalem eine Bäckergasse, und Bethlehem bedeutet soviel wie „Haus des Brotes".

Der junge David brachte seinen gegen die Philister kämpfenden Brüdern frische Brote ins Kampfgebiet und kam dabei mit Goliath in Kontakt. König Salomo benötigte allein für die Bedürfnisse seines Hofes täglich 60 Sack gewöhnliches und 30 Sack Semmelmehl.

Die Erfindung des Brotes ist ein Meilenstein in der Entwicklungsgeschichte des Menschen. Weil er auf den guten Geschmack des Brotes gekommen war und das der Erde anvertraute Saatgut nicht im Stich lassen wollte, wurde der einstige Jäger und Sammler, der Herumschweifer und Abenteurer zum seßhaften Ackerbauer."

Jesus als Gast und Gastgeber

Der Evangelist Lukas hat, wie bereits erwähnt, immer wieder darüber berichtet, daß Jesus an den Essen der Juden teilnahm. In seinen Gleichnissen spielt das Bild des Gastmahls eine besondere Rolle. Das hat zweifellos einen tieferen Sinn, nur möglicherweise haben wir ihn oft nicht erkannt. Wenn Jesus, als bescheidener Gast, die Erde betritt, ist er immer zugleich der himmlische Gastgeber, der Menschen in die neue Welt Gottes einlädt. Schon vor Christus fragten die Frommen: „Wer darf Gast des HERRN sein?" (Psalm 15). – Wen nimmt Gott in seinem Gästehaus auf? (Lukas 16,9) – Wer darf dereinst mit den Erzvätern an seinem Tisch sitzen? (Matthäus 8,11) und mit ihnen das Brot brechen? (Lukas 14,15).

Wie im Gericht, so verknüpft sich auch beim endgeschichtlichen Abendmahl die Rolle von Jesus, dem Sohn, und Gott, dem Vater. Das Gleichnis vom großen Abendmahl (Matthäus 22,2; Lukas 14,16) ist natürlich zugleich ein Bild des Gerichts. Die eingeladenen Frommen versagen (sie bleiben weg), die von der Straße hereingeholten Fremden werden gerettet. Damit wird das Abendmahl Christi zum Gastmahl der Sünder. Der Psalmist hat es in kühner Prophetie bereits geschaut (Psalm 23,5): Gott selbst bereitet seinen Gästen den Tisch und salbt ihnen das Haupt. Jesus als der demütige Gastgeber erfüllt diese Vorschau auf vollkommene Weise: Er verwöhnt seine Leute nicht nur mit einem verschwenderischen Gastmahl (Markus 6,41 ff.), sondern er serviert denen, die eigentlich seine Knechte sind, selbst die gefüllten Schüsseln (Lukas 12,37; 22,27). Er wäscht seinen Gästen eigenhändig die Füße und krönt seine Aufgabe damit, daß er sie durch die Hingabe seines Lebens aus Schuld, Versklavung und Bosheit auslöst (Markus 10,45). Er bietet sich selbst in einer Weise, die alles menschliche Begreifen übersteigt, seinen Gästen als Opfergabe dar (Markus 14,22 ff.). Was Gastfreundschaft im großen wie im kleinen, auch immer leisten kann – hier wird es in seiner ganzen Größe vollendet und in seinem letzten Sinn enthüllt.

Als wir den Gesamtkomplex der „Residences Pinea“ vorbereiteten, kam mir einmal der Gedanke, daß Jesus im Himmel eigentlich etwas ganz Ähnliches tut. Er bereitet Wohnungen vor, damit wir einmal mit ihm zusammen für immer das Abendmahl halten können. Natürlich sind die 150 Appartements und Wohnungen in Calvi dagegen ein kümmerlicher Abklatsch. Aber sie könnten dann doch einen Sinn erfüllen, solange wir auf dieser Erde leben.

Firmen, Parteien, Organisationen aller Art haben in der Welt Millionen von Gästehäusern errichtet. Warum haben die Millionen von Christen ihre Häuser nicht zu Gästehäusern gemacht?

Willi Buchwald hat sich nach dem 2. Weltkrieg zur Teilnahme an einer Freizeit entschlossen, nur weil es dort Reisbrei gab, den er für sein Leben gern aß. Er ist in dieser Freizeit Christ geworden. Es gäbe viele Geschichten zu erzählen, wie Menschen und ganze Familien durch die Gastfreundlichkeit christlicher Freizeithäuser sich für Christus entschieden haben. Allerdings darf man auch die Gegenbeispiele nicht verschweigen: eine Familie reiste verärgert ab, weil man ihr eine zweite Flasche Milch verweigerte, nur weil sie bereits eine bekommen hatte. Die Chance, sie mit dem Evangelium zu erreichen, war vertan. Aber die Großzügigkeit des altjüdischen Gastmahls werden wir (schon aus finanziellen Gründen) nie erreichen.

Wir in Calvi sind da auf alles eingestellt. Wenn uns jemand schreibt, daß ihm Calvi zu teuer sei und er deshalb nicht hinkomme, respektieren wir das anstandslos. Wir wünschen ihm, daß er anderswo eine seinen Preisvorstellungen entsprechende Ferienunterkunft findet. Wir können auch keine Spezialkurse für Vegetarier und Fastengruppen durchführen. Nicht, weil wir etwas dagegen hätten, sondern weil es die Aufgabe unseres Hauses in Frage stellen würde. Wir haben für alle da zu sein. Auch für die Halbarmen oder armen Reichen, für die sich sonst niemand interessiert.

Jeder, der will, soll bei uns Platz finden. Dazu müssen wir ihm bieten, was er in seinem Urlaub erwartet. Im übrigen erlebe ich es immer wieder, daß wildfremde Menschen von der Art unserer Gastfreundschaft und Gemeinschaft so überrascht sind, daß sie sich wohl- und angenommen fühlen und zu geistlichen Gesprächen bereit sind. Die Christen in unseren Kirchen und Gemeindehäusern sind es gewöhnt, daß sie immer wieder mit Appellen und Verbotsregeln konfrontiert werden, aber kaum handgreiflich etwas von der Liebe Christi erfahren. Würden wir unsere Gemeinden und Wohnungen zu Gästehäusern öffnen, könnte sich da manches ändern. Wir müßten den Menschen nur unsere ungeteilte Gastfreundschaft zuwenden. Die Gefahr besteht darin, daß wir versuchen, unsere Gäste zu erziehen. Aber Freizeithäuser sind nun einmal keine Erziehungsanstalten, die mit den schlechten Gewohnheiten der Gäste aufräumen müssen. Das muß Gott tun, unterstützt durch unsere liebevolle Gastfreundschaft. Tut er es nicht, werden unsere Heime zu Kasernen, in denen niemand mehr leben möchte.

Unser Grundprinzip lautet: Man kann freiwillig an allen Angeboten teilnehmen (von der Morgen- bis zur Abendandacht), die von uns arrangiert werden. Aber niemand wird dazu gezwungen oder auch nur scheel angesehen, wenn sein Platz bei irgendeiner Veranstaltung frei bleibt. Schon mancher mürrisch angereiste Gast hat sich am Ende für diese Geduld und Freundlichkeit bedankt.

Paul Deitenbeck sagt: „Gemeinschaft muß sich verleiblichen“: indem man sich schreibt, etwas schenkt, miteinander ißt oder wenigstens eine Tasse Kaffee trinkt.

Wer sein Haus zum Gästehaus macht und sich darauf einstellt, den damit verbundenen Ansprüchen gerecht zu werden, kann sich und anderen viele schöne Stunden bereiten.

Quellennachweis

Seite 10f: „Abschied vom Ärger“ – Gerd Schimansky (Aussaat-Verlag)

Seite 13f: „Tagesspuren“ – Paul Deitenbeck und Gerd Rumler (Hänssler Verlag)

Seite 19f: Management-Seminar von Dynamik Leader-ship, Dieter Boy

Seite 36ff: Zeitung „Die Welt“, 29. 7. 1983

Seite 40: „Der Mensch im Streß“ – A. E. Wilder-Smith (Hänssler Verlag)

Seite 65ff: Theologische Studien von Jürgen Bonßdorf (Neues Leben-Seminar)
„Tagung über Gastfreundschaft“ – Fritz Schroth (Christl. Gästehäuser Rhön)

Herbert Müller

Das mysteriöse Hotel

Neues Leben auf Korsika
Paperback, 96 Seiten, ISBN 3-87067-515-2

Herbert Müller berichtet in diesem Buch von der faszinierenden Geschichte des Calvi Hotels und seiner Nachfolgerin – der Residence Pinea, einer der größten christlichen Freizeitanlagen Europas. Er plaudert aus dem Nähkästchen ...
... wie man mit einem Lächeln 100 000 Mark verdient;
... warum man es leicht nimmt, wenn der Koch den Löffel abgibt;
... wie man unter dem Regime des Schlagbohrers besinnliche Freizeiten veranstaltet und vieles mehr.
Mit einem Augenzwinkern erzählt Herbert Müller die Geschichte(n), wie NEUES LEBEN auf Korsika begann und wie Gott immer noch etwas Größeres schenkt, als wir zu hoffen wagen.

Herbert Müller

Reiseführer Calvi und Umgebung

Neues Leben auf Korsika
Paperback, 160 Seiten, zahlr. Karten und Abbildungen, ISBN 3-87067-517-9

Calvi, an der Westküste Korsikas gelegen, erhebt sich stolz über der wunderschönen Bucht und zählt zu den hübschesten Orten Korsikas.
In diesem praktischen Reiseführer von Herbert Müller, der seit 20 Jahren die Freizeiten von NEUES LEBEN in Calvi leitet, finden alle Gäste der „Residence Pinea" die wichtigsten Informationen und praktische Tips für einen gelungenen Urlaub.

Brendow Buch Kunst Verlag

Brendow Ratgeber von Reinhold Ruthe

Die Kunst zu ermutigen
Wie fördere ich mein Kind?

Paperback, 70 Seiten, ISBN 3-87067-320-6

Sieben Fragen, die uns plagen
Angenommensein, Angst, Leiden, Schuld,
Sinn des Lebens, Depression und Sterben

Paperback, 140 Seiten, ISBN 3-87067-275-7

Mimosen und Dickhäuter
Formen der Partnerschaft. Eine kleine Typologie der Ehe

Paperback, 140 Seiten, ISBN 3-87067-214-5

Spielregeln für die Familie
30 praktische Vorschläge,
wie wir besser miteinander auskommen

Paperback, 100 Seiten, ISBN 3-87067-265-X

Das Ehebuch
Wege zur partnerschaftlichen Sexualität

Paperback, 176 Seiten, ISBN 3-87067-432-6

Familie – Oase oder Chaos?
Wege aus der Familienkrise

Paperback, 192 Seiten, ISBN 3-87067-411-3